Quellen zur Geschichte Thüringens

NICHT – IM NAMEN DES VOLKES

Politisches Strafrecht in der DDR 1949 – 1961

Quellen zur Geschichte Thüringens

NICHT – IM NAMEN DES VOLKES

Politisches Strafrecht in der DDR 1949–1961

Herausgegeben
von
Andrea Herz

Die Landesbeauftragte des Freistaates Thüringen für die Unterlagen des Staatssicherheitsdienstes der ehemaligen DDR

und die

Landeszentrale für politische Bildung Thüringen
Regierungsstraße 73, 99084 Erfurt
www.lzt.thueringen.de
2008
Satz und Druck: Druckerei Sömmerda GmbH
ISBN 978-3-937967-28-8

Einleitung 11
1. Rechtsverfügung mit Richterkritik 17
2. Erstes Erfurter Urteil wegen „Hetze“ 18
3. Strafurteil gegen „Zeugen Jehovas“ 20
4. MfS-Entlassungsliste Unverurteilter 23
5. Rechtsauslegung gegen betrunkene „Hetzer“ 25
6. SS-Mann wird Stasi-Spitzel 25
7. Haftmeldung über „feindlich diskutierenden“ Polizisten 26
8. Vernehmungsprotokoll in Sachen Spionage 27
9. Todesurteile des Landgerichts Mühlhausen 30
10. Meldung über „Friedens-Gefährder“ 32
11. Fluchthelfer als Spion vor Gericht 33
12. Haftbefehl wegen zerstörtem Ulbricht-Bild 34
13. Mühlhäuser Staatsanwalt berichtet in Sachen Demarkationslinie 35
14. Strafmeldung: Zuchthaus wegen Stasi-Beobachtung .. 36
15. Arbeitsbericht der Erfurter Polit-Staatsanwälte 37
16. Bericht über Anklage einer hilfsbereiten Schwester ... 39
17. Schauprozess-Bericht: Hohe Strafen für Weimarer CDU-Funktionäre 40
18. Mitteilung über Anklage wegen „Angriffs auf Funktionäre“ 42
19. Arbeitsbericht des Erfurter Gerichtsdirektors an die Sowjets 44
20. Übersicht über politische Fälle bei der Staatsanwaltschaft Erfurt 48
21. Strafmeldung:Fünf Jahre Zuchthaus für gesammelte Autokennzeichen 57
22. Meldung des Bezirksgerichts: verdoppelte Haftstrafe wegen „Hetze“ 58
23. Quartalsbericht der Bezirksanwaltschaft Erfurt über politische Straftaten 59
24. Arbeitsauswertung der Bezirksstaatsanwaltschaft Erfurt vor dem 17. Juni 60

25. Erfurter Justizfunktionär berichtet über Bürgerproteste im Kreisgericht Mühlhausen 61
26. MfS-Strafmeldung über vermeintlichen 17.-Juni-Akteur 62
27. MfS-Strafmeldung: Zuchthaus für am 17. Juni beteiligten Lokführer 64
28. Strafresümee der Staatsanwaltschaft Erfurt nach dem Volksaufstand 65
29. Monatsstatistik am Bezirksgericht Erfurt 68
30. MfS-Strafmeldung: Suhler Glasmacher als „Boykotthetzer" 71
31. MfS-Strafmeldung: Liberaler wegen Spionage enteignet und verurteilt 72
32. MfS-Strafmeldung: ehemaliger Polizist als vermeintlicher Spion 74
33. MfS-Strafmeldung: Äußerungen wie „Gipskopf Stalin" und „Saustaat DDR" 75
34. Halbjahresbericht der Bezirksstaatsanwaltschaft Erfurt 77
35. MfS-Strafmeldung: Betriebsleiter als „Schädling" . . . 79
36. MfS-Strafmeldung: „Untergrundarbeit" durch Verbreitung von Zeitschriften 80
37. Polit-Staatsanwalt kritisiert Stasi-Strafverfolgungsarbeit 82
38. „Antidemokratische Verbrechen" laut einer MfS-Strafmeldung 85
39. „Abwerber" im Jahresbericht der Bezirksstaatsanwaltschaft Erfurt 86
40. MfS-Strafmeldung wegen Beleidigung von „Kandidaten der Nationalen Front" 87
41. Bericht über Zusammenarbeit einer Staatsanwältin mit Polizei und MfS 88
42. MfS-Strafmeldung über Wahlkritiker 89
43. MfS-Strafmeldung über denunzierte „Hetzerin" 90

44. MfS-Strafmeldung zur Neuverurteilung eines abtrünnigen Altkommunisten 92
45. MfS-Strafmeldung über einen LPG-Kritiker mit NS-Argumenten 93
46. Bericht der Erfurter Polit-Staatsanwälte über Suche nach Saboteuren 95
47. MfS-Strafmeldung über 54 Strafmonate wegen Kreidelosungen im Kalischacht 96
48. Kreisstaatsanwalt Weimar berichtet vom Umfeld des Benkowitz-Todesurteils 97
49. Bericht eines SED-Funktionärs über die politischen Funktionen des Strafrechts 99
50. Arnstädter Staatsanwältin berichtet vom Strafverfahren zu Thälmann-Gerüchten 100
51. Staatsanwalt-Bericht über justizkritische Hetzlosungen 101
52. SED-Funktionär analysiert politische „Schwächen“ der Strafjustiz 102
53. MfS-Strafmeldung zu Schädlingstätigkeit eines LPG-Vorsitzenden 104
54. „Kleine Hetzer“ laut Jahresbericht des Sömmerdaer Kreisstaatsanwalts 105
55. „Hetze von der Kanzel“ laut Jahresbericht der Erfurter Polit-Staatsanwälte 107
56. MfS-Strafmeldung zur Verurteilung eines Lehrers wegen „Hetze“ 108
57. Propagandistische Prozessauswertung für „Schulung“ von Schöffen 109
58. „Abwerbung“ als Boykotthetze-Straftat laut Monatsbericht eines Staatsanwalts 109
59. Problembericht eines Kreisstaatsanwaltes wegen Wiederfreilassung politisch Verurteilter 111
60. Bericht über staatsanwaltliche „Instruktion“ von Polizisten für „Hetze-Anzeigen“ 112

61. Bericht der Erfurter Polit-Staatsanwälte über Strafensachen gegen Streikwillige 113
62. Staatsanwaltsbericht über Widerhall des Ungarn-Aufstandes 114
63. Bericht der Erfurter Polit-Staatsanwälte über MfS-Untersuchungsmethoden 115
64. Warnung des MfS-Untersuchungsleiters vor der Ehefrau eines politischen Gefangenen 116
65. Interne MfS-Information über staatsanwaltliche Fallbeurteilung 117
66. Interne MfS-Information über eine Prügelei mit einem Parteisekretär 118
67. Interne MfS-Anfrage zum zur Zeugenvernehmung wegen eines Witze-Erzählers 119
68. Interne MfS-Vorgangsbewertung über Strafwürdigkeit eines „Schädlings" 121
69. Beschluss der SED-Kreisfunktionäre über Abberufung eines „überparteilichen" Richters 123
70. MfS-interner Sachstandsbericht zu „Hetze" im Geschichtsunterricht 124
71. MfS-Sachstandsbericht über Festnahme eines „Zeugen Jehovas" 126
72. MfS-Sachstandsbericht über Inhaftierung nach illegaler Postkontrolle 127
73. Bericht des Erfurter MfS-Untersuchungsleiters über Festnahme wegen Fluchtvorbereitung 129
74. Staatsanwalt verlangt von SED-Funktionären Eingreifen wegen „liberalistischer Tendenzen" am Kreisgericht 132
75. MfS-Meldung über „abgeschöpfte" Informationen aus einem Verhör 133
76. MfS-Sachstandsbericht über Festnahmen von Landwirten 134
77. MfS-Sachstandbericht über Inhaftierung wegen Abreißen einer roten Fahne 136

78. MfS-Sachstandsbericht über öffentliche Prozessauswertung eines Hetze-Strafverfahrens 138
79. MfS-Sachstandsbericht über Haftbefehl wegen „Hetze“ gegen das MfS 139
80. MfS-Planung eines Schauprozesses gegen einen Schuldirektor 142
81. MfS-Sachstandsbericht über Festnahme eines Sozialdemokraten aufgrund von MfS-Postkontrollen 146
82. MfS-Sachstandsbericht über „Mordhetzer“ der die Justizministerin als „Flintenweib“ bezeichnet ... 148
83. MfS-Sachstandsbericht über Inhaftierung eines Verteilers von „staatsgefährdenden“ West-Illustrierten 150
84. MfS-Sachstandsbericht zu Haftbefehl wegen „Schädlingstätigkeit“ 152
85. MfS-Sachstandsbericht über Spionageverfahren gegen einen DDR-Rückkehrer 154
86. MfS-Sachstandsbericht über Festnahme eines anonymen Anrufers 157
87. MfS-Sachstandsbericht zu Ermittlungen wegen „Untergrundarbeit“ 159
88. MfS-Sachstandsbericht über inhaftierten LPG-Verweigerer mit NS-Vergangenheit 161
89. MfS-Sachstandsbericht über Verfahren gegen „diversante“ Rock and Roll Fans 164
90. MfS-Sachstandsbericht über jugendlichen „Grenzprovokateur“ 167
91. MfS-Sachstandsbericht über Haftbefehl eines DDR-Rückkehrers 170
92. MfS-Sachstandbericht über Haftbefehl gegen Besitzer des „Spiegel“ und politischer Bücher 172
93. MfS-Sachstandsbericht zur „Schändung“ eines Ulbrichtbildes 174

94. Erfurter Bezirksrichter über Strafverfahren gegen Gegner der „Kollektivierung der Landwirtschaft“ 176
95. MfS-Sachstandsbericht über Inhaftierung von „staatsgefährdenden“ Protestierenden über Arbeitslöhne 177
96. Protokollauszüge mit Ansichten eines Richters über politische Rechtsfunktionen 179
97. MfS-interne Information über einen weiter „verwendbaren“ Zellenspitzel 181
98. MfS-interne Information über Verurteilung eines Unschuldigen 182
99. MfS-Sachstandsbericht über Haftbefehl gegen streikwillige Arbeiter aufgrund einere Handschriftenanalyse 183
100. MfS-Schauprozessbericht „Jeder Republikflüchtige wird zum Verräter“ 185
101. Protokollauszug mit Analysen einer Erfurter Richterin über Staatsverbrechen 189
102. Protokollauszug mit Analysen eines Richters zum Thema „Gesellschaftsgefährlichkeit von Straftaten“ 191
103. MfS-Sachstandsbericht über „Hetze“ in der Mitropa 193

Einleitung

Im modernen Strafrecht erfüllt der Staat naturgemäß wichtige Funktionen. Nicht ohne Grund definiert sich ein demokratischer Staat gerade auch – mit der aufs Recht bezogenen Gewaltenteilung von Gesetzgebung, Rechtsprechung und Exekutive – zugleich als Rechtsstaat.

In der DDR herrschte eine andere Staatsform: die von der allein herrschenden SED postulierte „Diktatur des Proletariats“, in der der „Staat als Machtinstrument einer herrschenden Klasse“ galt.

Im „Kleinen politischen Wörterbuch“ von 1978 hieß es auf Seite 855: „*Solange der Kommunismus nicht im Weltmaßstab gesiegt hat, kann die öffentliche Gewalt niemals ihren politischen Charakter verlieren.*“ Und auf Seite 500: „*Das Strafrecht eines Staates bestimmt, welche Handlungen den Interessen der jeweils herrschenden Klasse so gefährlich sind, dass sie als Straftaten mit staatlichen Zwangsmaßnahmen unterbunden werden sollten.*“

Am Erfurter Domplatz äußerten 1961 die Richter solche Sätze wie: „*Die Hauptverhandlung muss eine politische Lehrstunde sein.*“ (Erfurter Gerichtsdirektor Kubasch, Dokument 96) oder „*Das Recht ist ein Mittel zur Führung der Massen zum objektiven notwendigen Verhalten.*“ (Richterin Schramm, Dokument 101)

Dieses politisierte Verständnis von Strafrecht prägte die Entwicklung des Rechtssystems der DDR von Anbeginn. Das Strafrecht wurde zum Instrumentarium für Machtgewinn und Machterhalt einer SED-Führung, die ihre Regentschaft weder teilen noch abwählen lassen wollte und die in ihrer umfassenden Gesellschaftsveränderung keinerlei Kritik oder Einschränkung dulden wollte.

Nachdem die Polizei längst SED-konform war, wurde 1949/50 auch der strukturelle und personelle Umbau der Justiz nahezu abgeschlossen. Und nach DDR-Gründung entstand mit dem Ministerium für Staatssicherheit ein strafrechtliches Untersuchungsorgan, das sich nicht nur als Schild und Schwert der Partei verstand, sondern auch Ermittlungen mit geheimen und sogar illegalen Mitteln führte. Die größeren Polit-Prozesse fan-

den vor den 1. Strafsenaten statt. Und mit den Abteilungen 1 entstanden an allen Bezirksstaatsanwaltschaften politstrafrechtliche Spezialabteilungen, mit von der Stasi „genehmigten" Juristen. (Vgl. Dokumente 15, 23, 24, 28, 34, 52 etc.) Nicht genehme Richter wurden über das Justizministerium oder die SED-Bezirksleitungen gemaßregelt. (Vgl. Dokumente 1, 74) Die Stasi-Untersuchungsarbeit wurde lediglich den Polit-Staatsanwälten bekannt, von diesen aber durchaus auch mal kritisiert. (Vgl. Dokumente 15, 37, 63)
Im Laufe der Zeit gab es immer wieder personelle und institutionelle Umstrukturierungen. Von der Tendenz her wurde das Prozessverfahren weiter vereinfacht, was oft zu Lasten der Beschuldigten ging. Ein auch nur im Ansatz faires Verfahren war weder gewünscht noch wurde es durchgeführt. Zur Anklage und Verurteilung dienten der Verfassungsartikel 6 und das Kontrollratsgesetz 38 (eine Willenserklärung der Alliierten zur Ahndung von NS- und Kriegshetze im Besatzungsgebiet). Ende 1957 wurden politische Strafparagrafen erlassen (vor allem „Hetze", „Staatsverleumdung", „Spionage" und „Verleiten zum Verlassen der DDR"), die ebenfalls willkürlich verwendbar waren.
Die Missachtung der Rechte der Beschuldigten lag nicht nur in den politischen Kriminalisierungen selbst. Für die Beschuldigten galt nicht, dass jeder als unschuldig zu gelten habe, bis das Gegenteil bewiesen sei. Im Gegenteil: Jeder Beschuldigte galt vorab als schuldig, bis er das Gegenteil beweisen konnte. Dabei wurde das Recht auf eine Verteidigung verwehrt. In den MfS-Haftanstalten fanden Verhöre mit Methoden statt, die selbst nach DDR-Recht ungesetzlich waren. Eindeutig Unschuldige wurden weder entschädigt noch offiziell rehabilitiert. (Vgl. Dokumente 4, 37, 57, 59, 72, 98)
Die Rechtspraxis der frühen DDR war nicht nur „Klassenjustiz" (d.h. Herrschaftsjustiz), sondern wurde von den Verantwortlichen auch ganz unverbrämt als abschreckendes und disziplinierendes „Erziehungsmittel" benutzt – z. B. in Form der „Schauprozesse" oder in Form propagandistisch-diskreditierender Urteilstexte.

Der politische Hintergrund in den Jahren vor dem Mauerbau 1961 war geprägt erstens: von starken politischen Einschnitten in Gesellschaft, Wirtschaft, Arbeit und Kultur, zweitens: von einer zunächst noch offenen, heftigen SED-Kritik in allen Kreisen der Bevölkerung und drittens: von der internationalen Ost-West-Konfrontation. Das widerspiegelt sich im Spektrum der politischen Strafgründe in den einzelnen Jahren.
Oberflächlich betrachtet ähnelten sich die zahlreichen Strafprozesse wegen „Boykott- und Mordhetze“ (DDR-Verfassung, Artikel 6) oder Kriegshetze (Alliierte Kontrollratsdirektive 38, Abschn. 2, Art. IIIAIII). Den Beschuldigten wurden Dinge vorgeworfen, wie verbrecherische Verleumdung der gesamten DDR, Diffamierung von Politikern, Angriffe auf Polizisten, Gerüchtemacherei, Weiterverbreitung von Hetzmaterial, Angriffe auf führende Persönlichkeiten und DDR-Institutionen, Verherrlichung des Westens etc.
Im Zusammenblick mit einer Instrumentalisierung des Strafrechts für den Machterhalt und zur „Flankierung“ eigener Politik handelt es sich hier aber vor allem auch um

- systematische Ausschaltung anderer Parteien und politischer Kräfte (z. B. Dok. 9,17, 20, 29, 42, 51, 81)
- Schutz und Unangreifbarkeit der Polizeikräfte, KVP-Angehörigen, SED-Funktionäre, „Agitatoren“, Staatssicherheit usw. vor unmittelbarer Kritik, Handgreiflichkeit und „Volkszorn“ (z. B. Dok. 14, 18, 20, 27, 29, 40, 66, 79)
- Etablierung eines SED-Informationsmonopols und einer staatstragend-allgemeingültigen „Weltanschauung“ (z. B. Dok. 20, 36, 83, 92)
- Unterstützung rabiater SED-politischer Eingriffe, wie z. B. zur Grenzsicherung oder zur Zwangs-Vergenossenschaftlichung auf dem Lande (z. B. Dok. 45, 53, 76, 94)
- Disziplinierung nichtkonformer bzw. nicht SED-loyaler Verhaltensweisen unter Polizisten, Funktionären und Staatsdienern mit Abschreckungsfunktion für andere (z. B. Dok. 20, 32, 80)
- Abwehr von Kritik an der Wirtschaftspolitik durch das Aufgreifen vermeintlicher „Saboteure“ (Dok. 35, 46, 53, 84)

- Instrumentalisierung aller Werktätigen durch die Kriminalisierung des Streikrechtes im angeblichen „Arbeiterstaat“ (Dok. 28, 61, 95)
- Bekämpfung jeglicher Verweigerung einer staatsbürgerlichen Unterordnung, wie sie vor allem die „Zeugen Jehovas“ für sich beanspruchten (Dok. 3, 71).

Nicht wenige „Hetzer“ hatten ihre Zuchthausstrafen einer vorherigen Denunziation durch Funktionäre, Kollegen oder „fortschrittliche Kräfte“ zu verdanken. (Dokumente 33, 43, 70)

Verurteilungen wegen „Spionage“ waren ebenfalls an der Tagesordnung – in Thüringen stieg ihre Zahl nach 1952 rapide und blieb bis in die 60er-Jahre hinein hoch. (Vgl. Dokumente 11, 21, 31, 32, 48, 101) Viele Fälle waren keine „Spionage“ im herkömmlichen Sinne. Es gab seitens der westalliierten Nachrichtendienste, der „Gehlen-Organisation“ oder Aufnahmelager-„Sichtungsstellen“ gezielte Befragungen. Dabei ging es um die Remilitarisierung Deutschlands. Die Leidtragenden dieser Geheimhaltungspolitik wurden schließlich die kleinen Informanten und die zurückkehrenden DDR-Flüchtlinge, die (ungeachtet individueller Informationsweitergabe) zuvor in der Polizei, Verwaltung, an der Grenze oder anderswo gearbeitet hatten. Als Spione und Agenten wurden auch Politiker kriminalisiert, die den Kontakt zu den jeweiligen Westparteien aufrecht erhielten und weiterhin an gesamtdeutscher politischer Betätigung festhielten.

Der dominierende politische Strafgrund der 80er-Jahre – „Flucht“ – spielte vor 1961 noch eine untergeordnete Rolle, obwohl auch dies mit einer Verordnung 1952 und dem Passgesetz 1954 kriminalisiert wurde. (Vgl. Dokumente 73, 85) Grenzgänger wurden mit Geldstrafen belangt, Fluchtwillige gelangten überwiegend erfolgreich in den Westen. Dafür traf der politische Prozess-Hammer vor allem Fluchthelfer oder Menschen, die offen für eine Flucht argumentierten. (Vgl. Dokumente 11, 39, 58)

Fast keine Rolle spielte eine Verfolgung von NS-Verbrechen, derartige Prozesse beschränkten sich auf die frühen 60er-Jahre und kamen oft „zufällig“ ans Licht. (Vgl. Dokument 88)

Die Auswahl der hier abgedruckten Quellen

Zum Thema „Politische DDR-Strafrechtspraxis vor 1961“ gibt es in Staatsarchiven und Stasi-Archiven zahlreiche aussagekräftige Quellen – am umfangreichsten in MfS-Sachakten und bei den (politischen) Abteilungen I der Bezirksstaatsanwaltschaften, weniger in den Gerichtsakten und vereinzelt in den SED-Beständen.

In dieser Quellensammlung soll ein Querschnitt politischer Strafgründe herausgearbeitet werden. Weiterhin soll sich das „Typische“ der politischen Strafverfahren sowie der „Trend“ im Verlauf des Jahrzehnts hier spiegeln. Dabei werden die Funktionen und Positionen von Richtern, Staatsanwälten oder Stasi-Offizieren bei der regionalen Anwendung des politischen Strafrechts deutlich. Hier eine Repräsentativität zu erzielen, war vorrangig gegenüber anderen möglichen Auswahlkriterien, wie der regionalen Verteilung, wie der vollständigen Einbeziehung aller großen und bekannten Prozesse (so fehlen z. B. wichtige Prozesse aus dem Umfeld der Jenaer Universität), wie die Mitwirkung der Volkspolizei oder wie der Darstellung der zentralen SED-Strafrechtspolitik.

Viele Dokumente betreffen konkrete Verfolgungsschicksale, aber ungeachtet aller Individualität ähnelten sich viele Strafverfahren in den Hetze- oder Spionagevorwürfen, in den ausgesprochenen Strafmaßen, in dem Querschnitt der betroffenen Arbeiter, Angestellten, „Rückkehrer“, Genossenschaftskritiker, „Zeugen Jehovas“, Jugendlichen etc. Aus diesem Grunde wurde diese Dokument-Gruppe auch ergänzt durch einzelne Statistiken, Monatsberichte und statistische Eigenanalysen von verantwortlichen Juristen, die ebenfalls den Querschnitt und die „Trends“ der Strafverfahren verdeutlichen. Genutzt wurden Aktenbestände verschiedener Akteure und Funktionsträger: des Bezirksgerichts und der SED-Bezirksleitung, aus den Staatsanwaltschaften und der zentralen Strafmeldekartei sowie vor allem von den Stasi-Untersuchungsabteilungen, die die Verfahren „verurteilungsreif“ machten.

Es wurden keine Prozessakten und Stasi-Personen-Vorgänge benutzt. Viele Fälle sind in Kurzform auch in Sachakten der Justiz oder Staatssicherheit erwähnt. Der Datenschutz für Dritte und für Betroffene wurde strikt beachtet, auch wenn mancher Verfolgte heute gute Gründe zur Veröffentlichung seines Schicksals haben mag. In den Originalakten kamen die Opfer jedoch in der Regel nicht authentisch zu Wort und mancher Strafvorwurf mag in den Worten der Verhörer, Staatsanwälte oder Richter nicht korrekt dargestellt sein. Die Namen letzterer wurden nicht anonymisiert – das entspricht heutigen datenschutzrechtlichen Gepflogenheiten. Um die Lesbarkeit zu verbessern, wurden an einigen Stellen statt der Namenskürzel die entsprechenden Pronomen eingesetzt.

Die meisten Dokumente aus den Stasi-Archivbeständen sind „Strafmeldungen" oder „Sachstandsberichte", in denen die Strafvorwürfe prägnant beschrieben sind. Sie entstammen vorrangig den Staatssicherheits-Archiven, wurden entweder von Stasi-Offizieren oder Justizangestellten verfasst – sie spiegeln also nicht unbedingt die Fakten und auch nicht die Sichtweise der Betroffenen, sondern die der Täter wider.

In der Transkription wurden kleine Ungereimtheiten beseitigt und auf neue ss-Rechtschreibung vereinheitlicht, zumal sich die Verwendung von ß und ss in den 50er-Jahren ohnehin häufig nur nach der jeweils benutzten Schreibmaschine richtete.

An der Mitauswahl und Druckvorbereitung verschiedener Stasi-Dokumente dieses Bandes arbeitete der Leipziger Geschichtsstudent Bertram Triebel während seines Praktikums in der Behörde der TLStU 2006 engagiert und qualitätvoll mit.

Andrea Herz

1. Rechtsverfügung mit Richterkritik

DDR-Juristen trafen (im Unterschied zu heute) keine selbstständigen Entscheidungen aufgrund der Gesetze, Rechtskommentare oder Präsenzurteile. Sie bekamen politisch gefärbte „Anleitungen" und „Rundverfügungen" von zentralen Justizfunktionären. Negativbeispiele in diesen „Rundverfügungen" sollten Richter davor warnen, „falsche Urteile" zu fällen.

Zentrale Justizfunktionäre
Fälle mit ungenügender Arbeit der Justiz [...]

5) Strafsache gegen X.
Urteil des Landgerichts Rudolstadt vom 28. 2. 50
Oberrichter Schmidt
Ein Angeklagter hat bei den Volkskongresswahlen im Mai 1949 einen Wahlzettel mit nazistischen und antidemokratischen Äußerungen versehen und unflätige Beschimpfungen und Verleumdungen der Wahlkandidaten auf den Wahlzettel geschrieben. Der Täter wurde ertappt.
Das Landgericht Rudolstadt hat das Verfahren auf Grund des Gesetzes über die Gewährung von Straffreiheit vom 11. 11. 1949 eingestellt, wobei es davon ausging, dass keine höhere Strafe als 6 Monate in Frage käme.
Ein derartiger Angriff auf unsere demokratischen Einrichtungen verlangt aber eine exemplarische Bestrafung. Der Richter hat die Notwendigkeit des Schutzes unserer Einrichtungen jedoch nicht erkannt.

Gemeinsame Rundverfügung von Minister der Justiz und Generalstaatsanwalt der DDR 121/50 (Auszug), 14. 9. 1950, ThHStA Weimar, Staatsanwalt des Bezirkes Erfurt, Nr. 21, Bl. 63

2. Erstes Erfurter Urteil wegen „Hetze“

Die Tätigkeit der 1948 zur Ahndung von NS-Straftaten gegründeten „201-Strafkammern“ ging nahtlos über in die ersten politischen Strafurteile. Landrichter Thienel betonte an anderer Stelle, dass „es das erste Mal ist, dass Art. 6 [der DDR-Verfassung, wonach „Boykotthetze“ „strafwürdig“ ist] ... unmittelbar als Strafgesetz angewandt worden ist“. Der Arzt M. erhielt sieben, die Freundin R. vier Jahre Zuchthaus, sieben weitere Angeklagte erhielten ein bis drei Jahre.

Der Angeklagte M. ist seit 1938 selbständiger Arzt. [...] Er ist nach seiner eigenen Bekundung von Natur zur Kritik geneigt und zur Unzufriedenheit. Diese führte ihn dazu, auch an den Zuständen in der früheren Ostzone, jetzigen Deutschen Demokratischen Republik, seit 1945 Kritik zu üben und sich mit ihnen nicht abzufinden, obwohl er nach seinen eigenen Angaben in keiner Weise beruflich oder sonstwie behindert worden ist. Er zog Vergleiche mit den Zuständen in Westdeutschland und glaubte, dass die frühere Ostzone, jetzige Deutsche Demokratische Republik, unter dem Einfluss der Sowjet-Union stehe und dass die Sowjet-Union die Ostzone bezw. DDR. maßgebend beeinflusse und aussauge, indem sie der Bevölkerung nur das unbedingt Notwendige zukommen lasse und alle wesentliche Erträge aus der Ostzone bezw. DDR. abziehe. [...]
Der Angeklagte suchte Gesinnungsgenossen. [...] Der Angeklagte M. hat die Angeklagte R. [...] durch seine Überredungskunst dazu zu beeinflussen vermocht, dass sie sich seinen Gedankengängen anschloss [...] Der Angeklagte M. hat, als die Angeklagte R. ihn eines Tages darauf aufmerksam machte, im RIAS-Sender [...] sei gesagt worden, man solle anlässlich des 3. Parteitages der SED am 21. und 22. Juli 1959 ‚Schweigetage‘ einführen und die Kulturveranstaltungen boykottieren, mit der Angeklagten R. zusammen den Gedanken verwirklicht, Flugzettel herzustellen und zu verbreiten, zu welchen er maßgebende Ratschläge [...] gab. Die Angeklagte R. hat tatsächlich etwa 60 Flugzettel dieser Art hergestellt, in welchen sie die Bevölkerung an die Schweige-

tage erinnerte und ersuchte, kein Kino, Theater usw. zu besuchen und alle kulturellen Veranstaltungen zu boykottieren. Die Angeklagte R. hat diese Zettel in der inneren Stadt dadurch verteilt, dass sie sie in die Briefkästen der Häuser hineinwarf. [...] Die beiden Angeklagten M. und R. besprachen ferner, dass sie sich an einem vom RIAS Sender ausgeschriebenen Wettbewerb „Der 1. Schritt zur Einheit Deutschlands" beteiligen wollten. Die Angeklagte hat tatsächlich zwei Entwürfe hergestellt, die den Gegenstand der Hauptverhandlung bildeten und aus denen sich ergibt, dass die Angeklagte R., die [...] auch die Auffassung des Angeklagten M. wiedergab, letzten Endes als ersten Schritt zur Einheit Deutschlands die Anwendung ‚höherer Gewalt' betrachtete, ohne welche die Verwirklichung der Einheit Deutschlands ‚gegen den Willen der Sowjet-Union' nicht möglich sei. Diese Worte können nur dahin verstanden werden, dass die Angeklagte R. als ersten Schritt zur Einheit Deutschlands einen Krieg gegen die Sowjet-Union bezeichnen wollte. Sie müssen daher als Kriegshetzer betrachtet werden, zumal sie für den amerikanischen RIAS-Sender bestimmt waren. Wenn auch eine Absendung den Angeklagten nicht nachgewiesen werden konnte, liegt eine Kriegshetze schon in der Tatsache, dass die beiden Angeklagten sich gegenseitig in diesem Sinne beeinflussten. Der Angeklagte M. hat auch sonst der Angeklagten R. verschiedentlich hetzerische Ratschläge gegeben wie z. B., sie solle nicht alles glauben, was in den Zeitungen steht, in Wirklichkeit sei es ja doch ganz anders; die Sowjet-Union strebe nach der Weltherrschaft; in Korea sehe es für die Amerikaner schlecht aus, sobald die Sowjet-Union den Osten besetzt haben werde, würde sie es in Westdeutschland genau so tun, die Russen schleppten aus Deutschland alles heraus und es würde uns Deutschen schon viel besser gehen, wenn die Russen dies nicht täten. M. schimpfte ferner über die Lage der Privatärzte [...] Er bestärkte ferner die Angeklagte R. in der von ihr in die Tat umgesetzten Absicht, den RIAS-Sender persönlich aufzusuchen und von dort Literatur westlicher Prägung mitzubringen.

Urteil St.Ks. 11/50 der Großen Strafkammer 201 des Landgerichtes Erfurt (Auszug), 23.10.1950, ThStA Gotha, Landgericht Erfurt II, Nr. 300, Bl. 165ff

3. Strafurteil gegen „Zeugen Jehovas"

Die „Zeugen Jehovas" wurden im September 1950 in der DDR verboten. Danach kam es zu großen Strafprozessen, wie hier gegen neun Angeklagte. Der Arnstädter „Gruppendiener" und sieben Gruppenmitglieder wurden faktisch allein aufgrund von Druckschriften und ihrer Verweigerung einer Anti-Atombomben-Unterschriftensammlung zu „Boykott-" und „Kriegshetzern" erklärt. Sie bekamen Zuchthaus von fünf Jahren bis acht Monaten.

Gründe: Die Hauptverhandlung hat aufgrund der eigenen Angaben der Angeklagten, in Verbindung mit den ihnen vorgehaltenen und von ihnen unterschriebenen und anerkannten polizeilichen Protokollen, ferner aufgrund der zum Gegenstand der Hauptverhandlung gemachten Schriftstücke aus dem Schriftmaterial betreffend der „Zeugen Jehova", insbesondere aus dem Wachtturm Nr. 7/50, Jahrbüchern 1949 und 1950, „Gott bleibt wahrhaftig", Seite 242/243, folgenden Sachverhalt ergeben:
Die „Zeugen Jehovas" sind eine Vereinigung, welche religiösen Zielen zu dienen vorgibt. Bis etwa 1931 nannten sie sich „ernste Bibelforscher". Sie ist juristisch geformt in der sogenannten „Watch tower bible und tract society" mit dem Sitz in Brooklyn und deutschen Zweigstellen in Magdeburg, Wiesbaden und Westberlin (franz. Sektor). Sie ist 1874 gegründet worden und, nachdem sie bis etwa 1938 in Form einer Verwaltung auf ungefähr demokratischer Grundlage geführt wurde, 1938 auf theokratische Basis umgestellt worden. Seitdem unterliegt sie einer straff zentralistischen und man kann sagen autoritären Leitung ihres Präsidenten N.H. Knorr in Brooklyn, dem ein Rat von einigen Personen zur Seite steht und der die über die ganze Erde verbreitete Vereinigung über die in den einzelnen Ländern befindlichen sogenannten Landes- oder Bezirksdiener einheitlich, wie es die Angeklagten ausdrücken, „theokratisch" regiert. Unter dem „Bezirksdiener" stehen die „Gruppendiener", unter diesen die „Prediger" und „Verkünder", zu denen jeder einzelne „Zeuge Jehovas" gehört, und die sich durch „Predigten" in Ver-

sammlungen sowie durch „Verkündung" in „Von-Haus-zu-Haus-Besuchen" betätigten. Daneben gibt es noch „Pioniere", die monatlich mindestens 100 Stunden für die Sache der Vereinigung arbeiten müssen und ebenso wie die „Gruppendiener" unmittelbar mit dem Büro des „Bezirksdieners" korrespondieren. Eine halbjährliche Kontrolle wird durch die „Kreisdiener" ausgeübt, von denen jeder etwa 23 Gruppen unter sich hat, deren jede er halbjährlich etwa 4-6 Tage besucht.

Die Angehörigen der genannten Vereinigung haben sich aber nicht nur religiös betätigt, sondern sie haben teils positiv, teils vor allem auch negativ in einer Weise auf die Gestaltung der Verhältnisse in der Deutschen Demokratischen Republik eingewirkt, dass die Gesellschaft nicht mehr länger ertragen werden konnte und Anfang September 1950 verboten werden musste.

Die „Zeugen Jehovas" nehmen laut ihrem Buche „Gott bleibt wahrhaftig", das insoweit zum Gegenstand der Hauptverhandlung gemacht wurde, in einer auf Seite 242 und 243 niedergelegten Weise für sich in Anspruch, dass sie irdischen Regierungen nicht anders unterlägen, als es Gesandte irdischer Staaten bei denjenigen Staaten tun, bei denen sie beglaubigt sind. Als „Gesandte" des himmlischen Königreiches, wie sie sich es vorstellen, hätten sie mindestens dieselben Rechte zu beanspruchen, wie sie den Gesandten irdischer Staaten zukämen. Auf diese Weise kamen die Angeklagten dazu, für sich in Anspruch zu nehmen, dass sie den Pflichten eines Staatsbürgers der DDR nur soweit unterlägen, wie sie es mit ihren vermeintlichen von ihrer Organisation konstruierten Pflichten gegen das Königreich Christi, wie sie es sich vorstellen, vereinbaren könnten, also praktisch nur, soweit es im Einzelfall ihnen bezw. ihrer Organisation beliebte, wogegen sie die Rechte aus der Verfassung voll für sich in Anspruch nehmen. Die Angeklagten sind der Ansicht, dass 1914 das „Weltende" begonnen habe und dass noch in dieser Generation der „gerechte Krieg" kommen werde, den nur die Zeugen Jehovas überdauern würden und an den sich das ewige Reich Jehovas anschließen werde. Deshalb sei jede Politik und jede Aufbauarbeit zwecklos. Die Angeklagten nehmen insbesondere für sich in Anspruch, dass sie als Zeugen Jehovas völlig

„unpolitisch“ seien und dass die „Zeugen Jehovas“ sich nur mit religiösen Dingen nicht aber mit politischen beschäftigten. Aus diesem Grunde nähmen sie auch an dem „politischen“ Leben nicht teil und verhielten sich in allen Streit- und Zweifelsfragen „neutral“[...]
Die „Zeugen Jehovas“ haben auch in den ersten Jahren nach 1945 keinerlei Zusammenstöße mit Organen der damaligen „Ostzone“ gehabt. Ein Wechsel in diesen guten Beziehungen trat erst ein, als die „Zeugen Jehovas“ ihre Einstellung zur Ostzone und deren Besatzungsmacht änderten. Auffällig ist bereits gewesen, dass ihr „Bezirksdiener“ für Deutschland Erich Frost 1946 seinen Sitz von Magdeburg nach Wiesbaden, also in die amerikanische Zone, verlegte.
In der Folgezeit kam es dann etwa seit 1947/48 hie und da zu Zusammenstößen zwischen den „Zeugen Jehovas“ und staatlichen Organen, insbesondere auch im Lande Sachsen. Die Gründe hierfür sind dem Gericht im einzelnen nicht bekannt. Es kommt auch darauf nicht an. Da die „Zeugen Jehovas“ nach 1945 als Märtyrer des faschistischen Regimes angesehen und demgemäß behandelt wurden, kann nach Ansicht des Gerichtes es nur auf ihr Verhalten zurückzuführen sein, wenn sich ihre Beziehungen zu den staatlichen Organen verschlechterten. Es war in jedem Falle nicht loyal, wenn die „Zeugen Jehovas“ in der Öffentlichkeit sich über angebliche Übergriffe einzelner Behördenstellen beschwerten. Es stand ihnen frei, falls ihnen wirklich Unrecht passiert wäre, den dafür vorgesehenen ordentlichen Instanzenzug einzuschlagen, nicht aber die Flucht in die Öffentlichkeit zu wählen, was nach Lage der Sache nur den Zweck haben konnte, die Verhältnisse in der damaligen Ostzone zu diskreditieren. Dies letztere lag aber, wie das erwähnte Urteil des Obersten Gerichtes in Berlin einwandfrei feststellt, gerade im Sinne der amerikanischen Leitung der „Zeugen Jehovas“, die ihrerseits wiederum im Sinne der amerikanischen Politik handelte. [...]

Strafurteil der „Großen Strafkammer 201“ (Auszug), 5.12.1950, ThStA Gotha, Landgericht Erfurt II, Nr. 300, Bl. 208ff

4. MfS-Entlassungsliste Unverurteilter

Seit Gründung der Staatssicherheit hatte diese – ohne offizielle Kompetenz – für politische Straftaten faktisch die gleichen Befugnisse wie die Kriminalpolizei. Entsprechende Aktivitäten entwickelten sich unter Einfluss von Offizieren der Sowjet-Stasi (MGB). In der Stasi-Landesverwaltung Thüringen (Weimar) befand sich eine Haftanstalt. Jeder Kreis-Stasi-Chef verhaftete nach Gutdünken „Hetzer" und „Spione", von denen manche mangels Beweisen und auf sowjetische Anordnung wieder entlassen werden mussten. Der Prozess der ideologischen „Gleichschaltung" der DDR-Justiz war noch im Gang.

[...] [Dezember 1950, 9 Wochen Stasi-Haft]
A. wurde beim illegalen Grenzübertritt von West nach Ost festgenommen und wegen Spionageverdacht von uns inhaftiert.
Die Untersuchung verlief ergebnislos, so dass er am 29. 2. 1951 der westlichen Grenzpolizei übergeben wurde.
[...] [Januar1951, 6 Wochen Stasi-Haft]
B. wurde nach Rücksprache des Landesvorstandes unserer Partei, mit dem Genossen Chefinspekteur Menzel, festgenommen, da er in Verdacht stand, für das Ostbüro der SPD in Hannover Agententätigkeit durchgeführt zu haben.
Bei der Haussuchung wurden einige westliche Flugblätter und verschiedenes Schriftmaterial der ehemaligen SPD vorgefunden. Trotz eingehender Untersuchung konnte dem B. eine bestehende Verbindung zum Ostbüro nicht nachgewiesen werden.
Er wurde wegen Geringfügigkeit des Tatbestands entlassen.
[...] [Januar, 6 Wochen Stasi-Haft]
C. war ehemaliger VM *[=Vertraulicher Mitarbeiter, IM-Vorstufe]* der Dienststelle Altenburg. Durch schlechte Anleitung leistete er schlechte Arbeit und zeigte eine vorhandene Widerstandsgruppe nicht an. Die Widerstandsgruppe wurde später durch die Freunde *[=Sowjet-Stasi MGB]* ausgehoben. Dabei stellte sich heraus, dass C. über das Bestehen der Gruppe wesentlich informiert war.

C. wurde aus konspirativen Gründen und wegen Geringfügigkeit des Tatbestandes entlassen.
[...] [Februar, 1 Woche Stasi-Haft]
D. wurde festgenommen, weil er wusste, dass seine Mutter ca. 100 Briefe an westdeutsche Fabrikanten und Geschäftsleute abgeschickt hat und darin durch verleumderische Hetze, gegen die Entwicklung der DDR, Lebensmittel erbettelte.
D. wurde wegen seines jugendlichen Alters *[16 1/2 Jahre alt]* auf Anordnung des Chefinspekteurs Menzel entlassen.
[...] [März, 7 Wochen Stasi-Haft]
D. wurde festgenommen als Mitglied der Weltstaatenliga.
Wegen Geringfügigkeit des Tatbestandes wurde er mit Verwendung als GM *[=Geheimer Mitarbeiter, IM-Frühform]* entlassen.
[...] [April, 15 Wochen Stasi-Haft]
E. war Unterkommissar in der *[Volkspolizei-]*Bereitschaft Gera als Gruppenführer eingesetzt. Mit der Frau des Informators *[=Stasi-Spitzels]* I hatte E. ein Verhältnis.
In der Wohnung des I, wo dessen Ehefrau und E. zugegen waren, hat I über seine Arbeit als Informator im betrunkenen Zustand gesprochen.
Durch die Postzensurstelle Gera wurde in einer Broschüre „Das Deutsche Gespräch" versteckt ein Brief gefunden, der an die „Kampfgruppe gegen Unmenschlichkeit", Berlin-Zehlendorf, Drubrowstraße 5, gerichtet war. In diesem Brief wurde der Informator B. denunziert.
Nach den durchgeführten Ermittlungen stand E. in Verdacht, diesen Brief geschrieben zu haben. Nach dem Gutachten des Schriftsachverständigen kam A. mit an Sicherheit grenzender Wahrscheinlichkeit als Schreiber des Briefes in Frage. E. wurde von VP.-Rat Z. festgenommen.
Die Untersuchung hat ergeben, dass A. schon vor seiner Festnahme über den geschriebenen Brief zur „KgU" nach Westberlin, von X. unterrichtet wurde.
Desweiteren in der 5-wöchentlichen Haft bei der VP.-Bereitschaft in Gera ca. 10 Briefe an seine Bekannten und Verwandten schreiben konnte und somit sämtliche Spuren verwischen konnte.

Um unsere konspirative Arbeit nicht preiszugeben, konnte A. der Justiz nicht übergeben werden und wurde durch Rücksprache mit den Freunden *[=sowjetische Stellen]* entlassen.

Entlassungsliste der MfS-Landesverwaltung Thüringen (Auszug), o.D., GVS 421/51, BStU, MfS, ZA, AS 294/61, Bl. 78ff

5. Rechtsauslegung gegen betrunkene „Hetzer"

Die Staatsanwaltschaften bei den Landgerichten wurden nach DDR-Gründung in Abteilungen gegliedert – an erster Stelle stand die Abteilung für „politische" Strafsachen. In ihren Arbeitsbesprechungen erfolgten auch Anweisungen für besondere Rechtsauslegungen, wie im folgenden Wortbeitrag des Abteilungsleiters.

Für Verfahren nach KD 38 spielt Trunkenheit keine Rolle. Der Angeklagte hat sich mit Absicht in Trunkenheit gesetzt. Seine Handlung beweist eindeutig, was für ein Subjekt er ist und aus welchem Grunde er sich in einen betrunkenen Zustand gesetzt hat. In einem trunkenen Zustand offenbart sich der wahre Charakter eines Menschen. Unsere Gegner gehen davon aus, die Strafmilderungsumstände auszunützen.

Entlassungsliste der MfS-Landesverwaltung Thüringen (Auszug), o.D., GVS 421/51, BStU, MfS, ZA, AS 294/61, Bl. 77 ff

6. SS-Mann wird Stasi-Spitzel

Im Weimarer Stasi-Haftkeller war auch der folgende Mann für fast vier Monate eingesperrt. Trotz eindeutiger Kenntnis über seine SS-Mitgliedschaft wurde er als Informant geworben.

Y. soll während der Nazizeit der SS und einem Rollkommando der SS angehört haben.

Es konnte ihm die Zugehörigkeit zur SS nachgewiesen werden und er gab es auch selbst zu, dass er im März 1931 der SA beigetreten und zu Anfang 1932 in die SS übernommen war, aber im Frühjahr wieder austrat, da es zu Meinungsverschiedenheiten gekommen war.
Y. war wegen der Schwierigkeiten der Ermittlungen 4 Monate inhaftiert und eine höhere Strafe wäre bei der Verurteilung nicht erfolgt. [Deshalb] wurde vorgeschlagen das Verfahren gegen Y. einzustellen und ihn als VM *[= Vertraulicher Mitarbeiter, Spitzel]* zu verwenden.

Entlassungsliste der MfS-Landesverwaltung Thüringen (Auszug), o.D., GVS 421/51, BStU, MfS, ZA, AS 294/61, Bl. 91

7. Haftmeldung über „feindlich diskutierenden" Polizisten

Folgender Fall ist kennzeichnend für den Stasi-Haftgrund „Hetze". Personen, die zeitweise Funktionäre, Polizisten oder SED-Mitglied waren und dann kritisch wurden, wurden als „Abtrünnige" oft höher bestraft als andere. Ob der folgende Mann verurteilt wurde und wann er wieder in Freiheit kam, ist unbekannt.

Straftat: Verbrechen nach Art. 6 der Verfassung der DDR und Abschnitt II Art IIIAIII der KD 38
Zeitpunkt der Einlieferung zur U-Haft: 7. 6. 1951
Anstalt: Stasi. Weimar
Der Angeklagte stammt aus einer Arbeiterfamilie. Er besuchte die Volksschule in Hamburg von 1937 bis 1945. Anschließend erlernte er in Jena den Schornsteinfegerberuf. Am 15. 11. 1948 meldete er sich freiwillig zur Volkspolizei und war bis zu seiner Festnahme am 7. 6. 51 in verschiedenen Dienststellen tätig.
Im April und Mai 1951 hat er als Angehöriger der Volkspolizei systematisch Zersetzungsarbeit innerhalb seiner Bereitschaft

getrieben, indem er in verbrecherischer und gemeiner Weise die Sowjetunion und die Deutsche Demokratische Republik verleumdete. Er führte bis zu seiner Festnahme 13 feindliche Diskussionen antisowjetischen und antidemokratischen Inhalts. Grundlage seiner Hetzereien waren die Sendungen des Hetzsenders Rias.
In der Hauptverhandlung vom 26. September 1951 vor der I. Großen Strafkammer beim Landgericht Meiningen bestritt er jede Schuld und behauptete, die Angaben bei der Ermittlungsbehörde nur gemacht zu haben, um dort endlich herauszukommen. Daraufhin wurden die Akten an die Ermittlungsbehörde zurückgesandt, um weitere Ermittlungen zu tätigen.

Meldung über die Dauer der U-Haft, 2. 11. 1951, ThHStA Weimar, Staatsanwalt des Bezirkes Erfurt, Nr. 32, Generalstaatsanwalt Abteilung I, Bl. 11

8. Vernehmungsprotokoll in Sachen Spionage

Stasi-Verhör eines kurz zuvor wegen Spionage inhaftierten Mannes, der in Gotha eine Informantin gewinnen sollte – der Protokolltext war in der Regel nicht identisch mit dem Verhörablauf. Ob er für die „Gehlen-Organisation" arbeitete und wie sein weiteres Schicksal verlief, ist unbekannt.

Vernehmungsprotokoll – Weiterverhandelt mit X.
Zur Sache:
Frage: Uns ist bekannt, dass Sie in den bisherigen Vernehmungen die Unwahrheit gesagt haben. Sagen Sie wahrheitsgemäß, aus welchem Grunde Sie in die Deutsche Demokratische Republik gekommen sind!
Antwort: Ich wurde von meinem Bekannten Y., Berlin, Brunnenstraße, am 6. 4. 1952, mit in die Deutsche Demokratische Republik genommen, um für ihn einen Auftrag

durchzuführen. Wie ich mit Y. bekannt wurde, habe ich bereits angegeben, und es entspricht der Wahrheit.

Frage: Was für einen Auftrag sollten Sie für Y. ausführen?

Antwort: Y. hatte mir anfangs nur angeboten, ihn auf einer Fahrt nach Gotha zu begleiten. Ich nahm dieses Angebot an. Ich nahm an, dass er den Sonnabend Nachmittag und den Sonntag mit mir in Gotha verbringen wollte.

In Gotha auf dem Bahnhof gab er mir jedoch einen Brief ohne Umschlag und folgenden Auftrag: Diesen Brief sollte ich einer Frau abgeben. Ich sollte sagen, dass mich ein Herr schickt, an den die Cousine der Frau sich gewandt hat. Diese Cousine hieße C. und sei zur Zeit in Freiburg.

Y. sagte mir, ich solle der Frau klar machen und sagen, dass die Cousine etwas Bestimmtes von ihr erwarte. Ich solle auf alle Fälle versuchen, dass Frau F. mir einen Brief mitgibt.

Um die Unterhaltung einzuleiten, sollte ich Fragen über die sowjetische Armee und den Truppenübungsplatz Ohrdruf stellen. Dabei sollte ich sagen, dass wir wissen, dass sie bei der sowjetischen Armee beschäftigt ist. Dies sei uns von der [...] bekannt. Wenn ich dieses sage, dann würde sie wissen, was sie zu schreiben hat.

Er sagte mir als Information, dass Frau F. auf Grund ihres Alters zu vielen Dingen in den Wohnungen sowjetischer Offiziere Zugang hat, auch zu schriftlichen. Ich sollte sie vor allem fragen, ob sie etwas mitzugeben hat.

Mir kam es vor, als ob Frau F. irgendetwas in den Händen aus den Wohnungen sowjetischer Offiziere, was Y. haben wollte.

Weiter sagte er, ich solle Frau F. weitere Besuche in Aussicht stellen und ihr eine monatliche Unterstützung von 100,-- DM versprechen. Mir ist klar und ich habe die Überzeugung, dass Y. ein Spion ist und ich für ihn als Agent arbeiten sollte.

Frage: Als haben Sie von dem Y. einen Spionageauftrag erhalten?

Antwort: Ja, das stimmt. Von Y. bekam ich einen Auftrag, der einen Spionagecharakter hatte.

Frage: Sagen Sie ausführlich und konkret, was für einen Spionageauftrag Sie von Y. erhalten haben!

[...]

Frage: Haben Sie diesen Auftrag des Y. ausgeführt?

Antwort: Ich habe versucht, diesen Auftrag, die Frau F. zu werben, zu erfüllen. Ich kam zur Frau F. und habe ihr den Brief gegeben. Ich fragte sie über die sowjetischen Truppen im Kreis Ohrdruf. Anschließend machte ich ihr den Vorschlag zur Spionagetätigkeit. Sie hat jedoch diesen Vorschlag nicht angenommen. Ich habe ihr während der Werbung versprochen, dass sie von mir wieder aufgesucht wird und monatlich 100,– DM bekommt. Trotzdem hat sie abgelehnt. Ich habe in der Wohnung der Frau F. angefangen, sie zu werben. Dann setzte ich das Gespräch in der HO-Gaststätte, wohin ich sie zur Bewirtung eingeladen hatte, fort.

Frage: Für welchen Spionagedienst haben Sie und Y. gearbeitet?

Antwort: Mir ist unbekannt, für welchen Spionagedienst ich und Y. gearbeitet haben. Y. hat mir nie etwas darüber gesagt.

Frage: Wenn und von wem wurden Sie zur Spionagetätigkeit herangezogen?

Antwort: Für Spionagetätigkeit wurde ich von Y. auf dem Bahnhof Gotha am 5. 4. 1952 herangezogen. Über den Umstand der Werbung habe ich schon berichtet.

Meine Angaben sind richtig wiedergegeben.

Geschlossen: gez. Koch Kommandeur

Selbst gelesen, genehmigt und unterschrieben gez. X.

Gez. Unterschrift i.V. Landesstaatsanwalt

Vernehmungsprotokoll, BStU, MfS, ZA, AS 8/54, Bl. 30–32

9. Todesurteile des Landgerichtes Mühlhausen

In einem großen Propaganda- und Schauprozess wurden zwei Obergebraer CDU-Mitglieder in kürzester Zeit zum Tode verurteilt und hingerichtet. Obduktions- und Beweisunterlagen zufolge ist fraglich, ob der Gewerkschaftsfunktionär Sobik tatsächlich infolge einer Prügelei zu Tode kam, Anwesende bezweifeln das. Die Anklage fußte lediglich auf einem SED-nahen Belastungszeugen. Eine Vorverurteilung von Muras und Wilhelm hatte schon auf einer SED-Maikundgebung stattgefunden.

Bei der Strafzumessung ist das Gericht vor allem von der konkreten, durch die Anglo-Amerikaner hervorgerufenen besonders ernsten politischen Situation des deutschen Volkes und der deutschen Nation ausgegangen. Das deutsche Volk wehrt sich mit aller Kraft dagegen, dass durch einen neuen Krieg die mühsam erkämpften Errungenschaften unseres staatlichen Aufbaues zunichte gemacht werden und wieder Millionen Menschen Leben und Gut opfern sollen. Wie bereits oben ausgeführt, wird von den amerikanischen Imperialisten ein neuer Krieg vorbereitet, der sich gegen die sozialistische Sowjetunion, die Volksdemokratien und gegen die Deutsche Demokratische Republik richten und als Ausgangsbasis das Gebiet Westdeutschlands haben soll, wie sich eindeutig aus den dort errichteten Truppenübungsplätzen, Flugzeugbauen und der ständigen Erweiterung anderer militärischer Vorbereitungen ergibt.
Parallel mit dieser Entwicklung führen die Kriegstreiber ferner die eingangs bereits angeführte Provokations- und Sabotagetätigkeit sowie weiter eine umfangreiche Spionage durch. Der besondere Ernst der Situation wurde durch unseren Präsidenten Wilhelm Pieck in seiner großen Rede zum Weltfeiertag am 1. Mai klar herausgestellt, in der er das deutsche Volk in der Deutschen Demokratischen Republik zur Organisierung der bewaffneten Verteidigung der demokratischen Errungenschaften

aufrief. Angesichts dieser für das ganze deutsche Volk und den Bestand der deutschen Nation äußerst ernsten Lage ist das Gericht der Überzeugung, dass ein Angriff, wie er sich in diesem Strafverfahren gezeigt hat, nur mit den härtesten Strafen zum Schutze der friedliebenden Bevölkerung, zugleich aber auch zur Abschreckung gegenüber den Feinden der Demokratie geahndet werden muss.
In dieser Sabotage- und Mordtätigkeit bedienen sich die Kriegstreiber willfähriger Elemente, die ihre Anweisungen zum Teil direkt, zum Teil durch den Rias erhalten. Zu diesen Elementen zählen die Angeklagten. Für sie war der Mensch Sobik ohne Interesse, deshalb nahmen sie auch darauf nicht Rücksicht, dass dieser kränklich und immerhin schon bejahrt war, schlugen vielmehr brutal auf ihn ein. Sie sahen ihren Hass gegen die SED und unsere antifaschistisch-demokratische Ordnung. Diesem Hass Ausdruck zu verleihen, war ihnen jedes Mittel recht, sogar der Tod eines Menschen.
Diesen Schädlingen am friedlichen wirtschaftlichen Aufbau musste deshalb die härteste Strafe treffen.
Umstände, die die Tat in einem milderen Lichte erscheinen lassen, konnten nicht festgestellt werden. Insbesondere können sich die Angeklagten Wilhelm und Muras nicht darauf berufen, dass sie in einer demokratischen Organisation am Aufbau mitgearbeitet hätten. Im Gegenteil haben sie den hervorragenden Anteil der CDU im Kampf um den Frieden erheblich dadurch in Misskredit gebracht, dass sie ihre Mitgliedschaft in dieser Partei lediglich zu Tarnzwecken für ihre verbrecherischen Machenschaften ausnutzten. Mit Recht hat sich daher der Landesverband der CDU von diesen Elementen durch ihren sofortigen Ausschluss distanziert. Auch dem Angeklagten Muras kann seine Mitarbeit in der demokratischen Sportbewegung seit 1945 sowie der Umstand, dass er den Appell zur Ächtung der Atombombe unterzeichnet hat, nicht zugute gehalten werden, nachdem er offen erklärt, durch sein Verhalten auch bekundet und bewiesen hat, dass er ein offener Gegner unserer antifaschistisch-demokratischen Ordnung und damit unseres friedlichen Aufbaues ist.

Aus all diesen Gründen hat sich das Gericht dem Antrage des Landesstaatsanwalts angeschlossen.

Urteil der Großen Strafkammer I des Landgerichtes Mühlhausen (Auszug), 17. Mai 1952, aus dem Privatbesitz von Angehörigen, vollständig abgedruckt in: Paul Hoffmann, Politische Todesurteile gegen Johann Muras und Ernst Wilhelm 1952 und die Rehabilitierung 1991, hg.v. TLStU, Erfurt, 2005, S. 56ff

10. Meldung über „Friedens-Gefährder"

Die Staatsanwaltschaften, hier die Geraer, wurden zunehmend zu Partnern der Staatssicherheit im politischen Strafrecht. Staatsanwälte unterschrieben die Haftbefehle und wirkten als Ankläger vor Gericht. Anstelle von Strafparagrafen wurden das „Boykotthetze"-Verbot der DDR-Verfassung (=Artikel 6) und das NS- und Kriegspropagandaverbot der Alliierten von 1945 zur „Rechtsbegründung" herangezogen. Das weitere Schicksal des Silbitzer Arbeiters ist unbekannt.

Haftbefehl gegen den Hilfsdreher X., 30 Jahre alt, Silbitz

Er wird beschuldigt, am 2. Juni 1952 in Köstritz ein Mitglied einer demokratischen Organisation nach einer Unterhaltung über die Erforderlichkeit nationaler Streitkräfte mit einer Zaunlatte angegriffen und verletzt zu haben und durch dieselbe Handlung durch Anwendung faschistischer Methoden den Frieden des deutschen Volkes gefährdet zu haben.
Artikel 6 und KD 38 IIIAIII

Meldung der Staatsanwaltschaft Gera, vom 11.6.1952, ThHStA Weimar, Staatsanwalt des Bezirkes Erfurt, Nr. 21, Bl. 230

11. Fluchthelfer als Spion vor Gericht

Hintergrund der Verurteilung des Drehers ist die erste große Zwangsaussiedlungswelle im Grenzgebiet im Juni 1952. Vielen Betroffenen (bes. aus Südthüringen) gelang nachts zuvor die Flucht – zum Ärger der SED-Verantwortlichen. Nicht alle Grenzpolizisten traten rabiat gegenüber der Bevölkerung auf und wurden deshalb letztlich streng bestraft. Als Spionage und Verrat galten alle Informationen über Polizei und Grenzregime, zumal militärische Entwicklungen eigentlich von den Alliierten noch verboten waren.

geboren 1933 [...],
letzte Tätigkeit: Dreher
Parteizugehörigkeit vor und nach 1945: keine
festgenommen am: 21.2.1953
Delikt: Spionagetätigkeit
verurteilt am: 2.7.1953 *durch:* Bezirksgericht Suhl
Strafmaß: 5 Jahre Zuchthaus
Strafbeginn: 2.7.1953 *Strafende:* 20.2.1958

[...] Nach seiner Lehrzeit trat er 1951 in die Volkspolizei ein. Er war beim Wachbataillon Berlin und kam 1951 zur Grenzpolizei nach Heinersdorf. Sein Dienstgrad war Wachtmeister. [...] Am 5.6.1952 wurden in Heinersdorf die Maßnahmen zur Sicherung der Demarkationslinie durchgeführt. Die Y. beeinflusste den X. Personen aus Heinersdorf, die ausgewiesen werden sollten, die Grenze ungehindert passieren zu lassen und selbst notfalls die Grenze zu überschreiten. X. ließ 35 Familien die D-Linie überschreiten und ging selbst mit seinem Kameraden nach Westdeutschland, wobei er seinen Karabiner mit 30 Schuss, Feldstecher und Dienstausweis mitnahm. X. kam zu Zöllnern und durfte seinen Karabiner behalten, um bei erwarteten Grenzzwischenfällen auf die ehemaligen Kameraden zu schießen, was jedoch nicht eintrat.

Auf der Dienststelle der westdeutschen Grenzpolizei in Kronach machte X. ausführliche Angaben über die Struktur des Grenzkommandos Heinersdorf, über Bewaffnung und über seinen

Lebenslauf. Auf der Dienststelle des amerikanischen Geheimdienstes CIC machte X. die gleichen Angaben und nannte außerdem die Namen und Dienststellungen von 9 Offizieren der Deutschen Grenzpolizei. X. machte Angaben über die Einteilung des Streifendienstes und bestätigte die ihm auf der Karte vorgehaltenen Streifenwege. Außerdem sagte er über die Lebenslage in der DDR aus. Im Flüchtlingslager Gießen bestätigte X. vor dem „Bundessicherheitsamt" seine Angaben und gab einen ehemaligen Standort sowjetischer Truppen sowie die Tatsache, dass sich dieser nicht mehr dort befindet, an.
Beim CIC machte X. noch eine Skizze mit der Lage des Gebäudes des Grenzkommandos. Beim CIC hat er 10,- Westmark erhalten. In Recklingshausen arbeitete X. in einer Grube, wurde dann unter Alkoholeinwirkung zur französischen Fremdenlegion geworben, konnte aber in Landau fliehen. [...] 1953 kam er bei Sonneberg in die DDR und wurde festgenommen, bevor er sich stellen konnte.

Strafmeldung, BStU, MfS, ZA, AS 434/62, Bl. 118f

12. Haftbefehl wegen zerstörtem Ulbrichtbild

Kritik an führenden DDR-Politikern galt besonders in den Anfangsjahren als Grund für lange Strafen. Die (nicht mehrheitsfähige, aber alleinherrschende) SED hatte „Mordhetze an Politikern" und „Boykotthetze an Einrichtungen" zu einem Strafgrund laut DDR-Verfassung gemacht. Ob und wie der Ofensetzer verurteilt wurde, ist unbekannt, der vorliegende Haftbefehl bedeutete für ihn auf jeden Fall eine schwere U-Haftzeit.

Haftbefehl gegen Ofensetzer X. aus Bickenride:
Er wird beschuldigt, gemeinschaftlich mit 4 anderen Boykotthetze gegen demokratische Einrichtungen getrieben zu haben,

indem er ein Bild des stellvertretenden Ministerpräsidenten Walter Ulbricht mutwillig zerstörte.

Meldung des Amtsgerichts Mühlhausen, 8. 8. 1952, ThHStA Weimar, Staatsanwalt des Bezirkes Erfurt, Nr. 21, Bl. 292

13. Mühlhäuser Staatsanwalt berichtet in Sachen Demarkationslinie

Das Überqueren der Grenzanlagen zur Bundesrepublik war verboten und wurde in der Praxis wie eine Straftat gehandhabt, obwohl erst 1954 ein gesetzlicher Strafparagraf entstand. Die Thüringer Kreisstaatsanwälte veranlassten bereits 1952 zahlreiche Geldstrafen und Anklagen mit Haftstrafen bis zu sechs Monaten. Das Dokument des Mühlhäuser Kreisstaatsanwaltes Lautenschlag ist typisch für die zahlreichen Monatsberichte aus den Kreisen.

Im Monat September wurde das Verfahren gegen 20 Personen wegen illegalen Grenzübertritts eingeleitet. Gegen 24 dieser Personen wurde Anklage erhoben, gegen 4 Strafbefehl beantragt und gegen 2 wurde das Verfahren eingestellt.
15 dieser Personen wurden rechtskräftig zu Strafe verurteilt und zwar:

9 zu 4 Wochen Gefängnis
2 zu 6 Wochen Gefängnis
3 zu 2 Wochen Gefängnis
1 Verwarnung

Die übrigen 15 Personen sind noch nicht verurteilt.

Bericht Kreisstaatsanwalt Lautenschlag an Bezirksstaatsanwaltschaft, 1. 10. 1952, ThHStA Weimar, Staatsanwaltschaft des Bezirkes Erfurt, Abteilung I, Nr. 55, Bd. 1, Bl. 33

14. Strafmeldung: Zuchthaus wegen Stasi-Beobachtung

Mit dem Vorwurf der „Spionage“ wurden in den frühen DDR-Jahren auch viele Bürger bestraft, die Informationen aus dem Alltagsleben und der staatlichen Tätigkeit in der DDR offen weitergaben. Damit sicherten die Verantwortlichen nicht nur die Geheimhaltung der völkerrechtswidrigen Aufrüstung, sondern auch die der SED-Herrschaftsstrukturen.

X, geboren 1920 [...],
letzte Tätigkeit: Gemeindeschwester in Groß-Liebrig b. Stadtilm
Parteizugehörigkeit vor und nach 1945: keine
festgenommen am: 1.10.1953
Delikt: Spionage
verurteilt am: 20.6.1952 *durch:* Bezirksgericht Gera
Strafmaß: 5 Jahre Zuchthaus
Strafbeginn: 16.10.1953 *Strafende:* 20.6.1957
Die X. erhielt 1950 durch die ihr bekannte Krankenschwester K. Kenntnis von einer Untergrundbewegung in Jena, die Flugblätter herstellte und verbreitete. Im Zuge der Festnahme dieser Gruppe wurde die X. mit inhaftiert.
Dabei konnte sie der Spionage, die sie von Nov. 1951 bis März 1952 für einen gewissen Y. betrieb, überführt werden. Von Y. erfuhr sie, dass dieser für den UFJ *[=Untersuchungsausschuss freiheitlicher Juristen]* tätig sei. Die X. charakterisierte von ihrer damaligen Arbeitsstelle, der medizinischen Klinik Jena, Ärzte und Personal. Ihr war durch Y. bekannt, dass dieser solche Personen anwerben wollte. Weiter beobachtete sie in seinem Auftrag die Dienststelle des MfS Jena, neben der sie wohnte. Sie machte Angaben über Personen und Fahrzeuge, die dort verkehrten. Ferner bewahrte sie für Y. Hetzflugblätter auf, beteiligte sich einmal mit ihm an einer Klebeaktion und begleitete ihn im Januar 1952, als dieser per Auto Flugblätter nach Saalfeld brachte.

Strafmeldung, BStU, MfS, ZA AS 431/62, Bl. 214

15. Arbeitsbericht der Erfurter Polit-Staatsanwälte

Nach der Bezirksgründung Mitte 1952 entstanden in Erfurt, Gera und Meiningen auch die Abteilungen I bei den Staatsanwaltschaften neu – SED-nahe Juristen bearbeiteten hier ausschließlich so genannte „Staatsverbrechen". Statistiken, wie die folgende für den Bezirk Erfurt, geben einen Einblick in die politische Strafverfolgung. In der Folgezeit vervierfacht sich die Zahl der Verfahren dieser „Deliktgruppen".

Neueingänge vom 1.10 – 31.12.1952 = 65
(hinzu kommen noch 30 Verfahren, die bei den Kreisstaatsanwälten angefallen, von ihnen statistisch erfasst und angelegt und auf Grund der Reorganisation in den Monaten Oktober – Dezember 1952 hier weiter bearbeitet wurden)

1) Aufgliederung der Neueingänge nach Deliktgruppen

a) Spionage- und Agententätigkeit	= 7
b) Angriffe gegen führende Personen des öffentlichen Lebens	= 1
c) Angriffe gegen demokratische Einrichtungen und Organisationen	= 52
d) Angriffe gegen demokratischen Einrichtungen und Organisationen auf dem Lande	= -
e) Angriffe gegen führende Persönlichkeiten des öffentlichen Lebens und demokratische Einrichtungen und Organisationen	= 1
f) Terrorakte	= 1
g) Diversions- und Sabotageakte	= 2
h) 201-Verfahren, deren Straftaten vor dem 8.5.1945 liegen	=
	= 65

2) Davon wurden erledigt

durch Anklage	= 57	= 88 %
durch Strafbefehle	= -	= 0 %
durch Einstellungen insgesamt	= 4	= 6 %

[...]

Die Zusammenarbeit mit der Ermittlungsbehörde *[=Staatssicherheit]* ist reibungslos. Nachdem der Leiter der Abteilung I am 1. Dezember 1952 auch durch das Ministerium für Staatssicherheit bestätigt wurde, wurde am 4. Dezember die erste Kontrolle der dort anhängigen Vorgänge und der Haftanstalt durchgeführt, bei der sich in keiner Hinsicht eine ernste Beanstandung ergab.
[...]
Zu bemerken ist ferner, dass bei den durch das Ministerium für Staatssicherheit hier zur Anklageabfertigung abgegebenen Verfahren in 80 % der Fälle Antrag ergeht, im Interesse der weiteren Bearbeitung des im betreffenden Vorgang angefallenen Personenkreises die Hauptverhandlung unter strengstem Ausschluss der Öffentlichkeit durchzuführen. Es liegen z. Zt. für 9 von 12 angegebenen Verfahren derartige Anträge vor.
[...]
Die Zusammenarbeit mit dem Gericht ist gut. Vor der Verhandlung wird in jedem Falle angestrebt, Einigkeit über das zu verhängende Strafmaß zu erzielen. Im Berichtszeitraum wurden 48 Hauptverhandlungen durchgeführt. Jedoch liegen zur Zeit noch 46 Anklageschriften zur Terminanberaumung beim Gericht.
[...]
Zum Schluss sei noch auf einen Umstand hingewiesen, der nicht geeignet ist, das Vertrauen der Bevölkerung zu unseren staatlichen Organen zu festigen. Es handelt sich um die Verhaftung von Personen, die mitten aus ihrem Alltagsleben heraus aufgefordert wurden, zwecks einer Vernehmung, die sich nur auf kurze Zeit erstrecken sollte, mit zur Polizei oder irgendwo anders hinzukommen, um dann nicht mehr gesehen zu werden. Viele der hier vorsprechenden Angehörigen wissen überhaupt nicht, durch wen die Verhaftung erfolgte. In den meisten Fällen jedoch führten die inzwischen angestellten Ermittlungen dahin, dass die örtlichen Stellen des Ministeriums für Staatssicherheit die Verhaftung durchführte, die Personen aber trotzdem nicht mehr aufzufinden sind. Dieser Zustand ist nicht dazu angetan, Ruhe in der Bevölkerung herzustellen, da be-

kanntermaßen diese Fälle in Flüsterpropaganda weiterverbreitet werden und Ursachen zu den wildesten Gerüchten sind.

Quartalsbericht 4/52 der Abteilung I der Bezirksstaatsanwaltschaft Erfurt (Auszug), o. D., ThHStA Weimar, Staatsanwaltschaft des Bezirkes Erfurt, Abteilung I, Nr. 38, Bl. 5f, 12

16. Bericht über Anklage einer hilfsbereiten Schwester

Kreisstaatsanwalt Dahms aus Apolda berichtet über die Anklage einer 25-jährigen am Tag vor Heiligabend, die aus dringenden Gründen ohne Pass über die Zonengrenze musste. Ihr drohte im besten Falle eine Geldstrafe von 35 Mark, im schlimmsten eine mehrmonatige Gefängnisstrafe. Das Übertreten der Grenzanlagen wurde 1954 mit dem „Passgesetz" regulär strafbar, doch bereits die Verordnung zu „Maßnahmen an der Demarkationslinie" konnte zu Haft oder Geldstrafe führen. In den Folgejahren gab es an allen Thüringer Kreisgerichten solche Strafverfahren.

M., Hausangestellte, ... Apolda
Etwa 14 Tage vor Pfingsten erhielt M. einen Brief von ihrer Schwester aus Westdeutschland, in dem diese mitteilte, dass sie schwer erkrankt sei und ihrer Hilfe bedürfe. Den Interzonenpass, den M. daraufhin beantragte, erhielt sie nicht. Sie entschloss sich, die D.linie *[=Demarkationslinie, Grenze]* illegal zu überschreiten, was ihr auch gelang.
Im November 1952 teilte ihr ihre *[andere]* in Apolda wohnende Schwester mit, dass ihr Kind erkrankt sei. M. fuhr von Hamburg nach Westberlin und begab sich dann weiter illegal nach Apolda zurück.
Anklage wurde am 23. 12. erhoben.

Bericht an Bezirksstaatsanwaltschaft, vom 30. 12. 1952, ThHStA Weimar, Staatsanwaltschaft des Bezirkes Erfurt, Abteilung I, Nr. 55, Bd. 1, Bl. 87

17. Schauprozess-Bericht: Hohe Strafen für Weimarer CDU-Funktionäre

Dies ist einer von drei großen Erfurter „Schauprozessen", die nicht nur der Ausschaltung anderer politischer Kräfte dienten, sondern auch Abschreckungs- und Warnsignale an politische Akteure anderer Parteien geben und damit der konkurrenzlosen Alleinherrschaft der SED dienen sollten. Schon allein das politische Gespräch mit West-Parteifreunden wurde als „Landesverrat" diffamiert. Gegen Sozialdemokraten, Liberale und Konservative hatte es bereits ab 1948 mithilfe der Sowjet-Militärtribunale viele Repressionen gegeben. Die Prozess-„Auswertung" sollte die anderen CDU-Parteifreunde auf die Blockpolitik einschwören. Wie im Theater hatte man „Karten" verteilt – typisch auch für die Schauprozesse der Folgejahre.

Der Kreisvorsitzende der CDU in Weimar,
die Dipl. Bibliothekarin,
der Student,
der Dipl.-Ing. und Architekt,
der gewesene Bürgermeister von Camburg,
der Uhrmachermeister,
der Instrukteur des Kreisfriedenskomitees in Weimar
alle Angehörige der CDU

wurden angeklagt eines Verbrechens nach Art. 6. der Verfassung und KD 38, da sie im Auftrage des sog. „Ostbüros der CDU" in Westberlin eine umfangreiche Spionagetätigkeit im Gebiet der DDR betrieben und fortgesetzt die ihnen als Funktionäre des Staatsapparates und einer demokratischen Blockpartei zugänglichen Staatsgeheimnisse gegen Bezahlung an Westberliner Agentenzentralen weitergegeben haben.
Sie haben die dem deutschen Volke im Potsdamer Abkommen festgelegten Rechte zur Bildung demokratischer Parteien gröblichst verletzt, indem sie innerhalb der CDU eine illegale, von Adenauer und Jakob Kaiser geleitete CDU aufzogen.
Die illegale Parteiorganisation hatte den Auftrag, die fortschrittlichsten Kräfte dieser Partei von ihrem Friedenskampf anzuhal-

ten und dafür in der Deutschen Demokratischen Republik eine „Fünfte Kolonne“ zu bilden, um den Aufbau zu unterwühlen. Weiter haben sie zu Gunsten des amerikanischen Geheimdienstes Verwaltungs-, Partei- und Werkspionage betrieben. Durch ihre Riashetze betrieben sie gleichzeitig Antisowjethetze und spionierten die militärischen Anlagen der sowjetischen Kontrollbehörden aus.

Die Hauptverhandlung am 19. und 20.12.1952 erfolgte vor erweiterter Öffentlichkeit. Auszüge der Anklageschrift, Artikel und Urteil veröffentlichte die Presse. Während der Hauptverhandlung wurde der Rundfunk zur Tonbandaufnahme eingeschaltet, der dann wieder Ausschnitte aus dem Prozess zur Sendung brachte.

Die Angeklagten waren voll geständig. Der Prozess verlief unter Anwesenheit von 200 karteninhabenden Zuhörern glatt und hatte vor allen Dingen in seiner politischen Auswirkung große Wirkungen ausgeworfen. Die Strafen wurden antragsweise für *[... zweimal...]* je 15 Jahre Zuchthaus, für *[... dreimal...]* je 12 Jahre Zuchthaus, für *[... einmal...]* 10 Jahre Zuchthaus und *[... einmal...]* 8 Jahre Zuchthaus. Die örtliche CDU wurde seitens der Staatsanwaltschaft angeschrieben, dass die Auswertung des Prozesses in deren Mitgliederversammlung erfolgen könne, und dazu je 1 Staatsanwalt referieren soll. Inzwischen erging Zusage der CDU, sodass am 13.1.1952 *[gemeint: 1953]* die 1. Versammlung stattfindet.

Quartalsbericht 4/52 der Abteilung I der Bezirksstaatsanwaltschaft Erfurt (Auszug), o.D., ThHStA Weimar, Staatsanwaltschaft des Bezirkes Erfurt, Abteilung I, Nr. 38, Bl. 15

18. Mitteilung über Anklage wegen „Angriffs auf Funktionäre"

Die SED brauchte für den Zentralstaat ein großes Reservoir loyaler Funktionäre und baute sich dies seit 1949 mit Lohnvorteilen und Propaganda auf. In der Bevölkerung war so mancher Funktionär eher schlecht angesehen. Zum Schutz der Funktionärsschaft, war deren Unangreifbarkeit für die SED existentiell. Die scharfe Bestrafung aller Funktionärskritiker wurde zu einer Hauptaufgabe politischer Strafrechtspraxis und besonders in den frühen Fünfzigern Grund zu zahlreichen hohen Zuchthausstrafen, wie im folgenden Beispiel.

[...] 2. Vorgang
Betr. Angriff auf Funktionäre der Produktionsgenossenschaft Bischleben
Am 11.11.1952 befanden sich die Beschuldigten L., G., K. und T. zur Kirmesfeier im Gasthaus „zum Ratskeller" in Bischleben. Dort traten sie durch ihr freches und großmäuliges Benehmen sowie durch ihr feindliches Verhalten gegenüber fortschrittlichen Personen, vor allem Angehörige der FDJ, sofort unliebsam in Erscheinung. Sie pöbelten u.a. fortschrittliche Bauern an, die die Beschuldigten zur Personalfeststellung [*gemeint: Vorzeigen der Ausweise*] aufforderten. Darauf wurde der Organisationssekretär der SED Möbisburg, Mitglied des Kreisvorstandes der VdgB (BHG) Schw. von L. und T. überfallen und von T. zu Boden geschlagen. Vor dem Lokal wurden Schw., Sch., D. und Gr. von L. beschimpft und von ihnen in wüster Form gegen die Produktionsgenossenschaft gehetzt. Anschließend fand die Besprechung der Beschuldigten statt, in der der Plan gefasst wurde, einen erneuten Überfall auf diese Personen durchzuführen. Der Überfall wurde später ausgeführt und von K. brutal mit einer Zaunlatte auf Gr. eingeschlagen.
L. begab sich außerdem im Dezember 1950 illegal nach Westberlin, wo er sich ca. 3 Monate in einem Jugendlager aufhielt. Um seine Anerkennung als sog. „politischer Flüchtling" durch-

zusetzen, machte er beim englischen Geheimdienst Spionageangaben.
[... Personenangaben, 20–21 Jahre alt ...]
Die Beschuldigten wurden am 15. 11. 1952 festgenommen.
Der Schlussbericht lautet vom 21. 11. 1952, angegeben wurde er an die StA. Zur Anklageerhebung am 9.1.1953. In der Zwischenzeit lag er beim Ministerium für Staatssicherheit in Berlin.

3. Vorgang
Provokatorischer Angriff auf den 1. Vorsitzenden der Produktionsgenossenschaft in Straussberg am 26. 12. 1952.
Der 1. Vorsitzende der dortigen Produktionsgenossenschaft, Gen. Gi., sowie das Mitglied der Produktionsgenossenschaft, Gen. La., wurden anlässlich eines Besuches von Verwandten in Schernberg bei ihrem Aufenthalt in der Gemeindeschänke durch folgende Beschuldigte angegriffen und niedergeschlagen:
1) S., 44, Maurer. Auf Grund der Parteiüberprüfung aus der SED ausgeschlossen, war aber noch Mitglied des Wohnungsausschusses in Schernberg
2)[...] – 5) [...]
6) H., 22, Leutnant der KVP
Am 26.12.1952 erfolgte die Verhaftung durch C 10 der Abteilung K *[= Kripo]* Sondershausen. Am Sonnabend, dem 3. 1. 1953 schaltete sich der Leiter der Abt I *[= politische Abteilung der Bezirksstaatsanwaltschaft Erfurt]* ein und veranlasste, dass der Vorgang durch das Ministerium für Staatssicherheit bearbeitet wird. Bei der Besprechung zwischen der Abt. K, Sondershausen und den örtlichen Ermittlungsorganen der Staatssicherheit wurden verschiedene Fragen geklärt, die schließlich zur Verhaftung des Leutnant der KVP *[= Kasernierte Volkspolizei, Armeevorläufer]* H. führte. Der Vorgang ist noch in Bearbeitung, Abschluss in einer Woche wird zugesichert.

Quartalsbericht 4/52 der Abteilung I der Bezirksstaatsanwaltschaft Erfurt (Auszug), o.D., ThHStA Weimar, Staatsanwaltschaft des Bezirkes Erfurt, Abteilung I, Nr. 38, Bl. 10f

19. Arbeitsbericht des Erfurter Gerichtsdirektors an die Sowjets

Trotz DDR-Gründung und formellem Abzug der Militäradministration (SMA) wurde das politische Leben hierzulande noch intensiv von der SMA-Folgeinstitution „Sowj. Kontrollkommission“ kontrolliert. Während sowjetische Instrukteure in Stasi-Stellen direkt Einfluss nahmen, erfolgte die Justizkontrolle vor allem über die abzugebenden Arbeitsberichte. 1953 agierten auf DDR-Gebiet in Einzelfällen noch die Sowjetischen Militärtribunale als Strafgerichte. Der folgende für die SKK in Erfurt erstellte Monatsbericht ist bezeichnend und gibt auch Einblick in die Gesinnung verantwortlicher Richter und die Polit-Strafpraxis im Querschnitt.

Betreff: Formen der Angriffe gegen die Deutsche Demokratische Republik (Artikel 6 Absatz 2 der Verfassung)
Berichtszeit 1952 – Ende Februar 1953
Bezug: Mündlicher Auftrag von Februar 1953
Ausgehend von der Erkenntnis, dass es sich bei den Angriffen gegen die Deutsche Demokratische Republik um Erscheinungen des Klassenkampfes handelt und die Gegner unserer friedlichen demokratischen Entwicklung – nämlich die zum Kriege hetzenden Imperialisten und ihre Handlanger – angesichts der wachsenden Stärkung des Friedenslagers unter Führung der Sowjetunion, den Klassenkampf immer mehr verschärfen, macht es sich nicht zuletzt zum Zwecke der Aufklärung erforderlich, einiges über die Formen der gegnerischen Angriffe zu sagen.
Dabei ist zunächst festzustellen, dass, wie es auch das Oberste Gericht schon ausgesprochen hat, in dem Maße, wie der wirtschaftliche und friedliche Aufbau in der Deutschen Demokratischen Republik voranschreitet, sich auch die Gefährlichkeit der Methoden und Mittel, deren sie sich bedienten, steigerten [...] und [...] der Gegner zu Terrormethoden übergeht.
Es erübrigt sich in dem Rahmen auf die besonderen Organisationen selbst einzugehen. Es genügt, darauf hinzuweisen, dass sich teils unter der direkten Leitung des amerikanischen CIC *[=*

Counter Intelligence Corps, amerik. Militärpolizei], teils aber auch unter Leitung westdeutscher Stellen, die in enger Verbindung zum CIC stehen, Organisationen gebildet haben, die unter geschickter Tarnung ihren wahren Charakter verschleiern – dabei jedoch ganz eindeutig, so in Westberlin, Spionage- und Sabotagezentren darstellen.
Z. B. „Kampfgruppe gegen Unmenschlichkeit", ferner der sogenannte „Untersuchungsausschuss freiheitlicher Juristen" oder die sogenannte „Flüchtlingsmeldestelle" in der Cuno Fischer Str. sowie das „Ostbüro der CDU" in Westberlin und anderes mehr.
Eine besondere Rolle spielt der Sender RIAS, der sich ganz eindeutig in den durchgeführten Prozessen als Befehlssender der Kriegstreiber gezeigt hat.
Von den o.a. Stellen werden die organisierten Angriffe geleitet und auch organisiert.
Auf der anderen Seite ist jedoch zu verzeichnen, dass Angriffe gegen unseren Staat vorkommen, ohne dass die Täter direkte Verbindung zu einer Organisation haben, d. h., dass dieser Umstand nicht nachzuweisen ist.
Die Angriffe von Einzelgängern z. B. gegen die Volkspolizei usw. haben ein besonderes Charakteristikum zu verzeichnen und zwar, dass die Täter insbesondere nach der 2. Parteikonferenz der SED zum überwiegenden Teil unter Einfluss von Alkohol handeln. Es steht für uns fest, dass dieser Umstand kein Zufall ist – sondern, dass die Tatsache als ein Indiz dafür angesehen werden muss, dass es sich um direkte Anweisungen von Agentenzentralen handelt.
Ich möchte im folgenden mit einigen typischen Beispielen aus dem Berichtszeitraum den Bericht ergänzen. Bemerken möchte ich insbesondere dazu, dass ich das nur insoweit machen kann, als Urteile im Jahre 1952 in die Revision beim Oberlandesgericht gekommen sind – und soweit es sich um die Praxis beim neu errichteten Bezirksgericht Erfurt handelt.
Da nehmen zunächst die Prozesse gegen Jugendliche, die bei den Weltfestspielen der Jugend und Studenten in Berlin waren und sich in den Westsektor Berlins begaben, einen größeren

Raum ein. Die Jugendlichen, die teils eifrige RIAS-Hörer waren, sind manchmal aus Neugierde nach drüben gegangen – sie gerieten dann aber in Agentenhände und wurden oft selbst zu Agenten. Die Prozesse in dieser Richtung sind noch bis in die jüngste Zeit hinein festzustellen, da immer noch unsere Sicherheitsorgane derartige Verbrechen aufdecken.
Beispiel eines Prozesses aus 1952 (Strafsache X). Zwei Jugendliche benutzten die Weltfestspiele, um nach Westberlin zu gehen. Sie hatten die Absicht, an der dortigen Universität zu studieren. Bei republikflüchtigen Bekannten wurde ihnen indes gesagt, dass sie erst dann „politische Flüchtlinge" würden, wenn sie auch eine politische Tätigkeit gegen die Deutsche Demokratische Republik ausüben würden. Sie sagten zu und traten in Verbindung zur erwähnten Kampfgruppe gegen die Unmenschlichkeit, besorgten sich Flugblätter und nahmen diese mit in den demokratischen Sektor sowie mit nach Sondershausen. Beide Angeklagten verteilten die Hetzflugblätter bzw. stellte einer der beiden selbst einige Zettel handschriftlich mit der Aufschrift: „Vorsicht bei Gesprächen, NKWD hört mit!"
Urteil I. Instanz 5 und 4 Jahre Zuchthaus. Das Urteil wurde vom Oberlandesgericht bestätigt.
Eine weitere Form der feindlichen Arbeit zeigt die religiös getarnte kosmopolitische Organisation „Zeugen Jehovas" mit ihrer Zersetzungsarbeit gegen unseren Staat.
Ich zitierte aus dem Urteil gegen H. u. 4 Andere:
„Alle Angeklagten sind Angehörige der religiös getarnten Spionageorganisation ‚Zeugen Jehovas'. Alle haben nach dem Verbot dieser Organisation in der Deutschen Demokratischen Republik für dieselbe weiter gearbeitet. Allen war das Urteil des Obersten Gerichts im Jahre 1950 bekannt. Dieses Urteil hat klar und deutlich den verbrecherischen Charakter dieser Organisation bewiesen. Die Urteile lauteten gegen 3 Angeklagte je 8 Jahre Zuchthaus und 2 weitere Angeklagte 7 und 5 Jahre Zuchthaus.
Der Übergang zum Terror und Mord zeigte sich wohl am auffälligsten beim Prozess gegen Wilhelm und Muras. *[s. Dok. 9]*

Darüber hinaus sind bis in die letzte Zeit Angriffe gegen die Volkspolizei und gegen Mitglieder demokratischer Organisationen zu verzeichnen. Als Beispiel möchte ich den Prozess D. anführen. Dieser Prozess fand am 19. Februar 1953 statt. Hier hat der Angeklagte abends spät eine Pause während seiner Arbeitszeit benutzt, um in einer nahe gelegenen Gastwirtschaft Bier zu trinken. Der Angeklagte ist aus dem ehemaligen Ostpreußen und er traf an seinem Tisch einen Funktionär der Vereinigung der Verfolgten des Naziregimes (VVN) mit Begleitung. Dieser Funktionär war in Langensalza zur Kur. In der darauf folgenden Diskussion diskutierten die beiden sehr eingehend über die Frage der Deutsch-Sowjetischen-Freundschaft und die Oder-Neiße-Grenze und der Angeklagte merkte, dass sein gegenüber ein sehr fortschrittlicher Mensch war. Nachdem Feierabend geboten war, hat D., der ein großer und kräftiger Mann ist, den Schwerbeschädigten Funktionär der VVN angegriffen, beschimpft und niedergeschlagen. Auf die Hilferufe ließ er von dem Niedergeschlagenen ab und lief fort.
Das Urteil lautete auf 5 Jahre Zuchthaus.
Eine besondere Form der Angriffe gegen unseren Staat bilden die Angriffe gegen Produktionsgenossenschaften bzw. gegen deren Vorsitzende. Bis jetzt ist ein Prozess noch nicht durchgeführt worden, jedoch werden mindestens 2 noch im Monat März verhandelt werden. Diese Angriffe gegen die ökonomische Grundlage unseres Staates zeigten sich jedoch nicht nur gegen die Produktionsgenossenschaften, sondern auch gegen andere volkseigene Betriebe.
Zunächst die Strafsache gegen K. vom 30.1.1953. Die Angeklagte hat es verstanden, durch Lügen und Verleumdungen sowie durch unverschämte Hetz- und Drohbriefe, derart Unruhe und Verwirrung zu stiften, dass die Tätigkeit des Betriebes ernstlich gestört war. Mit dieser Methode und auch mit Hilfe fingierter Anrufe hat sie die Angehörigen, insbesondere aber die leitenden in Angst versetzt, so dass einer der leitenden Personen Selbstmord verübte.
Das Urteil lautete auf 5 Jahre Zuchthaus.

Ein weiteres Beispiel in diesem Sinne ist die Strafsache gegen die Angeklagte M., die unter meinem Vorsitz geführt wurde.
Diese außerordentlich intelligente Angeklagte hat in äußerst raffinierter Art es verstanden, Uneinigkeit zwischen Betriebsleitung und BGL, Zwischen Belegschaft und BGL sowie Betriebsleitung zu stiften. Diese oft schwer zu durchschauende Form ist gerade deshalb so gefährlich, weil sie sich nicht nur gegen die ökonomische Basis (volkseigener Betrieb Nikos Belojannis) richtet, sondern weil die Werktätigen durch derartige Verleumdungen und Hetzen das Vertrauen zur eigenen Sache zu verlieren drohten.
Das Urteil lautete auf 5 Jahre Zuchthaus.
Abschließend möchte ich auf eine weiter gefährliche Form hinweisen und zwar den Versuch der westlichen Kriegstreiber die demokratische Entwicklung Deutschlands durch Zersetzungsarbeit innerhalb der Christlich-Demokratischen-Union zu stören. *[... zum ersten der drei Prozesse – siehe Dok. 17]*
Der 3. Prozess gegen 15 Angeklagte ist in der vergangenen Woche zu Ende gegangen. [...] Gegen diese 15 Angeklagten lautete das Urteil auf insgesamt über 110 Jahre Zuchthaus.

Bericht vom Direktor des Erfurter Bezirksgerichtes, Bunckenburg, an den Offizier Schmeljow der Sowjetischen Kontrollkommission in Erfurt, vom 7. 3. 1953, ThHStA Weimar, Bezirksgericht Erfurt, Nr. 0/423, Bl. 17ff

20. Übersicht über politische Fälle bei der Staatsanwaltschaft Erfurt

Gesamt-Monatsübersichten, wie diese für März, zeigen den Querschnitt der Strafgründe und gaben auch ein Bild des politischen Protests. Sie machen auch verständlich, warum es drei Monate später, am 17. Juni, vielerorts Befreiungsversuche von Inhaftierten gab.

Vor dem I. Strafsenat des Bezirksgerichtes wurden im Monat März folgende Personen wegen eines Staatsverbrechens verurteilt:

1) 25-jähriger Landwirt, Bendeleben
2) 21-jähriger Schuhmacher, Bendeleben
Die Beschuldigten haben in der Nacht zum 30. 11. 1952 in der Gemeindeschänke in Bendeleben den Bürgermeister und seinen Sohn körperlich misshandelt in der Absicht, das vom Bürgermeister veranstaltete nicht öffentliche „gemütliche Beisammensein" der Gemeindearbeiter zu stören.
Sie wurden wegen eines Verbrechens nach Art. 6 der Verfassung der DDR und KD 38 Abschn. II Art. III A III verurteilt.

Antrag des Staatsanwaltes:	a) V.	4 Jahre Zuchthaus
Staatsanwalt Zimmer	b) B.	2 1/2 Jahre Zuchthaus
Urteil:	a) V.	4 Jahre Zuchthaus
	b) B.	2 1/2 Jahre Zuchthaus

Vorsitzender des Strafsenates: Bieret

3) 22-jähriger Maler, Apolda
Der Beschuldigte hat am Freitag, den 12. 12. 1952, in den Abendstunden, anlässlich einer Kulturveranstaltung der Deutsch-Sowjetischen-Freundschaft Angehörigen der Volkspolizei gegenüber Äußerungen getan, die geeignet sind, die Freundschaft des deutschen Volkes zu den Völkern der Sowjetunion zu untergraben. Diese Äußerungen sind Gerüchte, die von ihm böswillig erfunden wurden. Weiterhin hat er im vollbesetzten Lokal, in Anwesenheit sowjetischer Gäste, Angehörige des Sowjetvolkes in übler Weisen beschimpft.
Er wurde wegen Verbrechen nach Art. 6 der Verfassung der DDR und KD 38 Abschn. II Art. III A III verurteilt.

Antrag des Staatsanwaltes:	3 1/2 Jahre Zuchthaus
Staatsanwalt Hofmann	
Urteil:	3 Jahre Zuchthaus
Vorsitzender des Strafsenates:	Bieret

4) 19-jähriger Redakteur, Langschede
Der Beschuldigte hat sich am 2. Okt. 1952 nach Westberlin zu den Agentenzentralen in der Kuno-Fischer-Str. am Kaiserdamm und Karolinger Platz begeben und dort Angaben über Verhältnisse seines Heimatortes und Kreises in der Deutschen Demokratischen Republik gemacht. Weiterhin hat er seinen deutschen Personalausweis, sein Parteidokument der SED und sein Mitgliedsbuch der FDJ, abgegeben.
Er wurde wegen Verbrechen nach KD 38 Abschn. II Art. III A III verurteilt.

Antrag des Staatsanwaltes:	2 Jahre Zuchthaus
Staatsanwalt Hofmann	
Urteil:	3 Jahre Zuchthaus
Vorsitzender des Strafsenates:	Bieret

5) 21-jähriger ohne Beruf, Arnstadt
Der Beschuldigte hat in der Zeit vom 11.11.1952 bis 25.11.1952 unter der Bevölkerung in Arnstadt verleumderische Hetze gegen das Ministerium für Staatssicherheit der Deutschen Demokratischen Republik betrieben. Damit versuchte er, das Ansehen der Sicherheitsorgane der DDR zu schädigen und das Vertrauen der Bevölkerung der DDR zu ihnen zu untergraben.
Er wurde wegen Verbrechen nach Art. 6 der Verf. der DDR und KD 38 Abschn. II Art. III A III verurteilt.

Antrag des Staatsanwaltes:	6 1/2 Jahre Zuchthaus
Staatsanwalt Hofmann	
Urteil:	6 Jahre Zuchthaus
Vorsitzender des Strafsenates:	Bieret

6) 44-jähriger Klempner, Sollstedt
Der Beschuldigte hat in den späten Abendstunden des 8.11.1952 bei einer Feier, welche in Sollstedt stattfand, die VP-Angehörigen als „Verbrecher, Schweine, Spitzbuben und Lumpen“ bezeichnet, und sie tätlich angegriffen und darüber hinaus gesagt: „ich schlage euch nieder wie einen tollen Hund“.

Er wurde wegen Verbrechen nach Art. 6 Abs. II der Verf. der DDR und KD 38 Abschn. II Art. III A III verurteilt.

Antrag des Staatsanwaltes:	3 Jahre Zuchthaus
Staatsanwalt Hofmann	
Urteil:	2 Jahre und 6 Monate Zuchthaus
Vorsitzender des Strafsenates:	Mielich

7) 27-jähriger Schlosser, Weimar

Der Beschuldigte hat am 13.12.1952 gegen 15.30 Uhr in der Gastwirtschaft „zum guten Kameraden" in Neusaalborn, Kr. Weimar, einen Funktionär der Kreisleitung der SED tätlich angegriffen und ihm dabei Verletzungen im Gesicht beigebracht.

Er wurde wegen Verbrechen nach Art. 6 der Verf. der DDR und KD 38 Abschn. II Art. III A III verurteilt.

Antrag des Staatsanwaltes:	3 Jahre Zuchthaus
Staatsanwalt Hofmann	
Urteil:	4 Jahre Zuchthaus
Vorsitzender des Strafsenates:	Schumann

8) 32-jähriger Maler, Mühlhausen

Der Beschuldigte hat am 21. Januar 1953 gegen 23 Uhr in der Gaststätte „Postkeller" Mühlhausen einen VP-Angehörigen tätlich angegriffen. Daraufhin wurde er von anderen VP-Angehörigen festgenommen und ging auch gegen diese vor, wobei er wüste Beschimpfungen gegen die VP ausstieß.

Er wurde wegen Verbrechen nach Art. 6 der Verf. der DDR und KD 38 Abschn. II Art. III A III verurteilt.

Antrag des Staatsanwaltes:	3 Jahre 6 Monate Zuchthaus
Staatsanwalt Hofmann	
Urteil:	3 Jahre Zuchthaus
Vorsitzender des Strafsenates:	Bunckenburg

9) 50-jähriger Transportarbeiter, Erfurt

Der Beschuldigte hat am 24. Januar 1953 gegen 5 Uhr im Wartesaal des Hauptbahnhofes in Erfurt im angetrunkenen Zustande

in der Öffentlichkeit gegen die Völker der Sowjetunion und gegen das tschechische Volk gehetzt. Dabei hat er gleichzeitig durch die Verbreitung von tendenziösen Gerüchten die freundschaftlichen Beziehungen des deutschen Volkes zu den Nachbarvölkern verunglimpft und gestört.
Er wurde wegen Verbrechen nach Art. 6 der Verfassung der DDR und KD 38 Abschn. II Art. III A III verurteilt.
Antrag des Staatsanwaltes: 2 Jahre 6 Monate Zuchthaus
Staatsanwalt Neubert
Urteil: 2 Jahre Zuchthaus
Vorsitzender des Strafsenates: Bunckenburg

10) 51-jähriger Friseur, Kreis Gotha
Der Beschuldigte hat im August 1952 in der Gemeindeschenke in Schönau v.d. Walde Kr. Gotha sich fortgesetzt als ehemaliger Offizier ausgegeben und dabei gegenüber dem Zeugen K. geäußert, die Volkspolizei wäre ihm unterlegen. Weiterhin erklärte er, der Bürgermeister, Landrat, Wilhelm Pieck sowie die Kripo können ihm am Arsche lecken. Auch versuchte er, bei diesen Äußerungen handgreiflich zu werden. Weiter versuchte er, die FDJ in ihrer Arbeit zu stören, so dass die örtliche Jugendgruppe sich nicht mehr getraute, in die Gemeindeschenke zu gehen.
Er wurde wegen Vergehens nach KD 38 Abschn. II Art. III A III verurteilt.
Antrag des Staatsanwaltes: 2 Jahre Zuchthaus
Staatsanwalt Hofmann
Urteil: 1 Jahr 6 Monate Zuchthaus
Vorsitzender des Strafsenates: Schumann

11) 33-jähriger Heizungsmonteur, Mühlhausen
Der Beschuldigte hat am 22.12.1952 gegen 23.30 Uhr in der Gastwirtschaft „Güldene Ecke" in Mühlhausen in angetrunkenem Zustande Angehörige der VVEAB *[=Volkseigene Vereinigte Erfassungs- und Aufkauf-Betriebe]* und Angehörige der VP in der übelsten Weise beschimpft und versucht, gegen dieselben tätlich vorzugehen. Dabei hat er u.a. geäußert: „Ihr Handlanger der DDR, ihr werdet nicht lange bestehen, genau wie die VP die größten Lumpen sind, die herum laufen."

Er wurde wegen Verbrechens nach Art. 6 der Verfassung der DDR und KD 38 Abschn. II Art. III A III verurteilt.

Antrag des Staatsanwaltes:	2 Jahre 6 Monate Zuchthaus
Staatsanwalt Neubert	
Urteil:	2 Jahre 6 Monate Zuchthaus
Vorsitzender des Strafsenates:	Mielich

12) 52-jähriger Dachdecker, Großwechsungen
13) 48-jähriger Bäcker, Großwechsungen
Die Beschuldigten sind am 18.9.1952, anlässlich einer Versammlung der Nationalen Front des demokratischen Deutschlands in Großwechsungen provokatorisch aufgetreten. Der Beschuldigte F. hat darüber hinaus im Anschluss an diese Versammlung fortschrittlich eingestellte Einwohner von Großwechsungen misshandelt.
Sie wurden wegen Verbrechens und Vergehens nach Art. 6 der Verfassung der DDR und KD 38 Abschn. II Art. III A III verurteilt.

Antrag des Staatsanwaltes:	F. 2 Jahre Gefängnis
Staatsanwalt Neubert	R. 5 Jahre Zuchthaus
Urteil:	F. 2 Jahre Gefängnis
	R. 5 Jahre Zuchthaus
Vorsitzender des Strafsenates:	Mielich

14) 57-jähriger Invalide, Buttstädt
Der Beschuldigte hat in den Abendstunden des 17.9.1952 im Gasthaus „Schlachthof" in Apolda den Präsidenten der Deutschen Demokratischen Republik Wilhelm Pieck in übler Weise beschimpft und versucht, das Bild des Präsidenten von der Wand zu entfernen.
Er wurde wegen Verbrechen nach Art. 6 der Verfassung der DDR und KD 38 Abschn. II Art. III A III verurteilt.

Antrag des Staatsanwaltes:	4 Jahre 6 Monate Zuchthaus
Staatsanwalt Hofmann	
Urteil:	4 Jahre 6 Monate Zuchthaus
Vorsitzender des Strafsenates:	Bunckenburg

15) 41-jähriger Tischler, Windehausen
Der Beschuldigte hat am 5. 2. 1953 gegen 14.00 Uhr an seiner Arbeitsstätte, dem VEB Möbelbau Heringen/Helme mit einem Leimpinsel an einer Frisierkommode ein Hakenkreuz aufgemalt.
Er wurde wegen Verbrechens nach KD 38 Abschn. II Art. III A III verurteilt.

Antrag des Staatsanwaltes:	4 Jahre Gefängnis
Staatsanwalt Hofmann	
Urteil:	4 Jahre Gefängnis
Vorsitzender des Strafsenates:	Bunckenburg

16) 40-jähriger Kaufmann, Mühlhausen
Der Beschuldigte hat am 17. Nov. 1952 in der HO-Gaststätte „Thüringia" in Mühlhausen Angehörigen einer landwirtschaftlichen Produktionsgenossenschaft gegenüber Äußerungen getan, die eine Hetze gegen die LPG darstellen. Damit hat er zugleich auch tendenziöse Gerüchte erfunden und verbreitet.
Er wurde wegen Verbrechens nach Art. 6 der Verfassung der DDR und KD 38 Abschn. II Art. III A III verurteilt.

Antrag des Staatsanwaltes:	3 Jahre Zuchthaus
Staatsanwalt Hofmann	
Urteil:	3 Jahre Zuchthaus
Vorsitzender des Strafsenates:	Schumann

17) 20-jähriger Elektriker, Bad Tennstedt
Der Beschuldigte hat im Januar 1952 den Schulleiter, den damaligen Parteisekretär von Bad-Tennstedt in übler Weise beschimpft und bedroht.
Weiterhin hat er am 14. 12. 1952 gegen 0.30 Uhr in der Gastwirtschaft „Waldschlösschen" in Bad-Tennstedt Äußerungen getan, die Beleidigungen der deutschen Volkspolizei darstellen.
Er wurde wegen Verbrechens nach Art. 6 der Verfassung der DDR und KD 38 Abschn. II Art. III A III verurteilt.

Antrag des Staatsanwaltes:	2 1/2 Jahre Gefängnis
Staatsanwalt Zimmer	
Urteil:	2 Jahre Gefängnis
Vorsitzender des Strafsenates:	Mielich

18) 20-jähriger Knopfmacher, Kr. Sondershausen
Der Beschuldigte hat sich als Angehöriger der VP im Sept. 1952 nach Westberlin begeben und dort einige Agentenzentralen des englischen und amerikanischen Geheimdienstes aufgesucht. Er verriet in verbrecherischer Weise ihm bekannte Dienstgeheimnisse der Volkspolizei und machte Angaben über leitende Offiziere und Parteifunktionäre von Volkspolizeidienststellen in Sondershausen. Er tat dies in der skrupellosen Absicht, sich dadurch persönliche Vorteile für seinen Westaufenthalt zu schaffen.
Er wurde wegen Verbrechens nach Art. 6 der Verfassung der DDR und KD 38 Abschn. II Art. III A III verurteilt.

Antrag des Staatsanwaltes:	6 Jahre Zuchthaus
Staatsanwalt Neubert	
Urteil:	6 Jahre Zuchthaus
Vorsitzender des Strafsenates:	Bunckenburg

19) 33-jähriger Fahrdienstleiter, Erfurt
Der Beschuldigte hat sich am 1.12.1952 gegen 9 Uhr in Ausstellung „Vorwärts zum Aufbau des Sozialismus" in den „Stadtgarten" in Erfurt begeben und dort die Führungen dadurch erschwert, dass er den Ausstellungsführer ins Wort fiel und üble Gerüchte verbreitete.
Er wurde wegen Verbrechens nach KD 38 Abschn. II Art. III A III verurteilt.

Antrag des Staatsanwaltes:	5 Jahre Zuchthaus
Staatsanwalt Zimmer	
Urteil:	5 Jahre Zuchthaus
Vorsitzender des Strafsenates:	Bunckenburg

20) 20-jähriger Tischler, Kreis Worbis
Der Beschuldigte hat im Sommer 1952 anlässlich der Kirmesfeier in Wingerode Krs. Worbis in angetrunkenem Zustand von einem Verkaufsstand das Fähnchen der Gesellschaft für Deutsch-Sowjetische-Freundschaft heruntergerissen mit den Worten: „Weg mit dem Mist, Adenauer ist unser Freund."
In einer weiteren selbständigen Handlung hat er anlässlich einer Tanzveranstaltung am Neujahrstag 1953 nach Mitternacht gegen

0.30 Uhr in der Gaststätte Senft einen VP-Angehörigen niedergeschlagen.
Er wurde wegen Verbrechens nach Art. 6 der Verfassung der DDR und KD 38 Abschn. II Art. III A III verurteilt.

Antrag des Staatsanwaltes:	2 Jahre 6 Monate Zuchthaus
Staatsanwalt Zimmer	
Urteil:	2 Jahre 2 Monate Zuchthaus
Vorsitzender des Strafsenates:	Schumann

21) 19-jähriger ohne Beruf, Bad Sulza
Der Beschuldigte hat am 28.12.1952 gegen 23.00 Uhr im Gasthof zur „Else“ in Bad-Sulza einen Offizier der VP ständig belästigt. Als der Beschuldigte von diesem zur Ordnung gerufen wurde, ging er tätlich gegen ihn vor.
Er wurde wegen Verbrechens nach Art. 6 der Verfassung der DDR und KD 38 Abschn. II Art. III A III verurteilt.

Antrag des Staatsanwaltes:	3 Jahre Zuchthaus
Staatsanwalt Zimmer	
Urteil:	2 Jahre 9 Monate Zuchthaus
Vorsitzender des Strafsenates:	Schumann

22) 22-jähriger Werkzeugmacher, Gotha
Der Beschuldigte hat am 9. Dezember gegen 0.30 Uhr auf dem Hauptbahnhof in Eisenach Angehörige der KVP *[= Kasernierte Volkspolizei, Armee-Vorläufer]* in übler Weise beschimpft. Darüber hinaus hat er Mordhetze gegen den Präsidenten der Deutschen Demokratischen Republik und den Ministerpräsidenten der DDR getrieben. Sein Verhalten ist Propaganda für den Nationalsozialismus und Militarismus.
Er wurde wegen Verbrechens und Vergehens nach Art. 6 der Verf. der DDR und KD 38 Abschn. II Art. III A III verurteilt.

Antrag des Staatsanwaltes:	5 Jahre Zuchthaus
Staatsanwalt Neubert	
Urteil:	5 Jahre Zuchthaus
Vorsitzender des Strafsenates:	Mielich

23) 21-jähriger Kontrolleur, Meuselwitz
24) 25-jähriger Kaufmann, Weimar

25) 28-jähriger Autoschlosser, Weimar
Da die Akten wegen Berufungseinlegung nach Berlin gesandt wurden, kann der Gesetzestext nicht mitgeteilt werden.

Monatsbericht März der Abteilung I der Bezirksstaatsanwaltschaft an die Sowjetische Kontrollkommission, vom 23.4.1953, ThHStA Weimar, Staatsanwaltschaft des Bezirkes Erfurt, Abteilung I, Nr. 38, Bd. 1, Bl. 31–38

21. Strafmeldung: Fünf Jahre Zuchthaus für gesammelte Autokennzeichen

(...) Im Frühjahr 1947 kam der Schulfreund Y. zu X. und warb diesen zur Spionagetätigkeit für den amerikanischen Geheimdienst an. X. erhält zu Beginn 300,-DM. Er sammelte 15 sowjetische Autonummern und schickte diese per Post nach Westdeutschland zu Y. Im Herbst 1947 wurde X. zweimal von einem Verbindungsmann aufgesucht, der Spionagematerial abholen wollte. X. will aber keines zum Übergeben gehabt haben. Von 1947 bis 1948 schickte X. laufend Pakete an Y. unter Deckadressen, deren Inhalt nicht festgestellt werden konnte.
Nach 1945 war X. zweimal in Westberlin. Es ist nicht bekannt, ob er Spionagezentralen dabei aufgesucht hat.
Weiterhin hatte er Verbindung zu einer Frau W. und zu einem gewissen Y., von denen bekannt ist, dass sie Agententätigkeit gegen die DDR ausübten. Eine verbrecherische Verbindung zu diesen Personen konnte dem X. nicht nachgewiesen werden.
Vor Gericht bestritt er jegliche Spionagetätigkeit und konnte nicht erklären, wie sein Geständnis in der Untersuchung zustande gekommen ist. Jedoch auch in der Vernehmung hat er seine Spionagetätigkeit bestätigt.
Wegen Verbrechen nach KD 38 zu 5 Jahren Zuchthaus verurteilt. Er hat aber Berufung eingelegt.
Das Oberste Gericht der DDR änderte diese Strafe wegen Verbrechens nach der KD 38 zu 5 Jahren Gefängnis um.

BStU, MfS, ZA, Allg. S, Nr. 432/62, Bl. 191-192

22. Meldung des Bezirksgerichts: verdoppelte Haftstrafe wegen „Hetze“

Nachdem das Bezirksgericht Erfurt einen Grenzpolizisten verurteilt hatte, legte der Staatsanwalt Berufung ein. Das Oberste Gericht der DDR hob das Urteil in 2. Instanz auf und verlangte eine Neuverurteilung mit doppelter Strafhöhe. Gerichtsdirektor Bunckenburg berichtete im November 1953 der sowjetischen Besatzungsmacht über den Fall.

Der I. Strafsenat unter dem Vorsitz des Genossen Schumann, hat am 24.3.1953 den Angeklagten nach KD 38 Abschn. II Art. IIIaIII zu 2 Jahren Gefängnis und den Sühnemaßnahmen verurteilt.

Dem Urteil liegt folgender Sachverhalt zugrunde. Der Angeklagte (21 Jahre alt) war Angehöriger der Volkspolizei und an der Demarkationslinie eingesetzt. In seinem Dienstbereich lag ein Stellwerk der Reichsbahn, das von westdeutschen Dienststellen der Eisenbahn verwaltet wurde. Den Angehörigen des VP-Kommandos war das Betreten des Stellwerks untersagt.

Entgegen dieser Anordnung hat der Angeklagte als Streifenführer während des Dienstes mehrfach das Stellwerk betreten und sich mit den dort diensttuenden westdeutschen Eisenbahnern angefreundet. Er gab diesen Eisenbahnern Berichte über die Verhältnisse des Kommandos und ebenso negativ über die Verhältnisse in der Deutschen Demokratischen Republik. U.a. teilte er ihnen mit, dass schon mehrere Personen aus dem nahe gelegenen Ort republikflüchtig geworden seien.

Der Protest der Staatsanwaltschaft richtete sich gegen die Höhe der Strafe. Das Oberste Gericht hat das Urteil aufgehoben und angewiesen, den Angeklagten an Stelle von 2 Jahren Gefängnis zu einer Freiheitsstrafe von 4 Jahren zu verurteilen.

In der Begründung heißt es, dass das Gericht die gesellschaftliche Ausbildung des Angeklagten bei der Volkspolizei, seine Zugehörigkeit zur Arbeiterklasse und seine besondere Verantwortlichkeit als Streifenführer nicht genügend beachtet habe. Ferner sei die Begründung des Bezirksgerichts insoweit ideologisch unrichtig, wenn es davon spricht, dass es sich bei dem Angeklagten nicht um einen sogenannten „Verbrechertyp" handele. Das Oberste Gericht führte dazu aus, dass von dieser pseudowissenschaftlichen Begründung, die durch die Imperialisten vertreten wird, das Gericht von falschen Voraussetzungen bei der Strafzumessung ausgegangen ist.

ThHStA Weimar, Bezirksgericht Erfurt, Nr. 0/423, Bl. 17ff

23. Quartalsbericht der Bezirksstaatsanwaltschaft Erfurt über politische Straftaten

Die für die Gruppe „politischer Straftaten" zuständige Abteilung I der Bezirke (hier Erfurt) erarbeiteten regelmäßige Analysen über Charakter und Schwerpunkte der von ihnen bearbeiteten Fälle, die justizpolitisch zentral ausgewertet wurden.

Die Schwerpunkte, die innerhalb des letzten Vierteljahres laut Verfahren der Abteilung aufgetreten sind, beziehen sich wie folgt:

1. Seit Verkündung des Aufbaues des Sozialismus in der Deutschen Demokratischen Republik verschärft sich die gegnerische und provokatorische Tätigkeit des Klassengegners auf dem Lande bezüglich der Bildung von Produktionsgenossenschaften.
2. Als besonderer Schwerpunkt zeigten sich im 1. Quartal 1953 tätliche Angriffe sowie Verleumdungen und Beschimpfungen gegen unsere kasernierte Volkspolizei-Angehörigen, die zum Schutze der Republik gegen feindliche Angriffe geschaffen werden.
3. Als die Nachricht vom Ableben des Gen. J. W. Stalin alle friedliebenden Menschen tief erschütterte, glaubten die Feinde der friedliebenden Menschheit einen Angriffspunkt für ihre völkerfeindliche Tätigkeit gefunden zu haben und wa-

ren daher zahlreiche Angriffe (z.B. Verleumdungen und Beschimpfungen) gegen Gen. J. W. Stalin Gegenstand der Anklage nach Artikel 6 der Verfassung und KD 38.

4. Weiterhin ist eine Wühl- und Zersetzungstätigkeit der CDU und „Zeugen Jehovas“ mit dem Ostbüro in Westberlin (Kaiser), die gegen unsere Republik gerichtet ist, zu verzeichnen.

1. Quartalsbericht der Abteilung I der Bezirksstaatsanwaltschaft Erfurt, Staatsanwalt Fassung, an die Sowjetische Kontrollkommission (Auszug), vom 27.5.1953, ThHStA Weimar, Staatsanwaltschaft des Bezirkes Erfurt, Abteilung I, Nr. 38, Bd. 1, Bl. 67

24. Arbeitsauswertung der Bezirksstaatsanwaltschaft Erfurt vor dem 17. Juni

Dies ist ebenfalls eine Analyse der regionalen Polit-Strafpraxis, aus der auch das schnelle Anwachsen der Zahl politisch Verfolgter hervorgeht. Die kritischen Bauern wurden nicht nur wegen der Genossenschaftsbildung (s. Punkt 1), sondern auch wegen der zwangswirtschaftlich rigiden „Ablieferungspflicht“ eingesperrt. Die Strafpraxis war in der Bevölkerung bekannt und gehörte zu den Dingen, die in den Vormonaten des Volksaufstandes allseitigen Unmut hervorriefen.

Neueingänge in den Quartalen:

Verfahren	Personen	
IV/52	65	91
I/53	118	178
II/53	130	184

[…]

Charakteristische Verfahren der Abteilung I:

a) Wie sich der Klassenkampf nach Gründung der LPG auf dem Dorfe verschärfte, zeigt das Verfahren Strafsache gegen H. und 5 andere. In diesem Verfahren hatten die großbäuerlichen Elemente versucht, fortschrittlich eingestellte Bürger durch Misshandlungen von ihrer Tätigkeit im Sinne des werktätigen Volkes abzuhalten. Vor erweiterter Öffentlichkeit wurde der werktätigen Bevölkerung der klassenfeindliche Charakter dieser Elemente aufgezeigt.

b) In den Verfahren gegen R. und Bennewitz *[allgemein bekanntes Todesurteil gegen diesen Weimarer Lehrer]*, konnte festgestellt werden, wie deklassierte Elemente einen systematischen Kampf gegen die SED führen. Die Angeklagten haben im Auftrage der Spionagezentralen Hetzzeitschriften in die DDR eingeführt und versucht, eine illegale Widerstandsgruppe zu bilden, die sich zum Ziel setzte, Versammlungen der SED zu sprengen und dadurch Unruhe unter die werkt. Bevölkerung zu bringen.

c) In den Verfahren gegen den Angeklagten W. wurde der Charakter des Ministeriums für gesamtdeutsche Fragen in Bonn als Spionagezentrale des imperialistischen Geheimdienstes klar aufgezeigt. Der Angeklagte hatte im Auftrage des „Ministeriums" für gesamtdeutsche Fragen in Bonn laufend Spionagetätigkeit im Gebiet der DDR durchgeführt. Außerdem erhielt er Aufträge von dieser Agentenzentrale, Lügenpropaganda gegen die DDR zu betreiben.

Zuarbeit zum 1. Halbjahresbericht 1953 der Abteilung I der Bezirksstaatsanwaltschaft Erfurt (Auszug), o.D., ThHStA Weimar, Staatsanwaltschaft des Bezirkes Erfurt, Abteilung I, Nr. 38, Bd. 1, Bl. 86ff

25. Erfurter Justizfunktionär berichtet über Bürgerproteste im Kreisgericht Mühlhausen

So spontan, wie vielerorts die Proteste am 17. Juni entstanden, so gezielt waren sie auch gegen staatliche Institutionen – gegen Polizei-, Stasi-Stellen etc. – gerichtet. In mehreren Thüringer Orten zogen Bürger vor die Gefängnistüren und erreichten eine zeitweilige Freilassung von Inhaftierten. Im Beispiel des nordthüringischen Mühlhausen trat man auch vor das Kreisgericht.

Nach Mitteilung des stellvertretenden Direktors des Kreisgerichtes Mühlhausen sammelte sich am 17.6. vor dem Kreisge-

richt eine größere Menschenmenge, die u. a. die Freilassung von Gefangenen verlangte. Zum Teil drang die Bevölkerung auch in das Gerichtsgebäude ein, zu Ausschreitungen kam es aber nicht. Lediglich eine Bauerndelegation sprach beim Staatsanwalt vor, um die Freilassung der Gefangenen zu erwirken. Einige der Demonstranten verlangten auch den Strafrichter Reimann zu sprechen, der aber zu dieser Zeit eine Hauptverhandlung durchführte, die jedoch nicht gestört wurde.
Nach Eintreffen der KVP *[= Kasernierten Volkspolizei]* und der Roten Armee zerstreute sich die Menschenansammlung; es kam zu keinen wesentlichen Zwischenfällen.
Die Angehörigen des Gerichtes verhielten sich einwandfrei und gingen weiter ihrer Arbeit nach.

Bericht der Justizverwaltungsstelle Erfurt an das Ministerium für Justiz über „besondere Vorkommnisse", vom 19.6.2961, ThHStA Weimar, Bezirksgericht Erfurt 0/137, o. Bl.

26. MfS-Strafmeldung über vermeintlichen 17.-Juni-Akteur

Hatte Justizminister Fechner am 18. Juni das Streikrecht noch öffentlich akzeptiert und eine Nichtbestrafung von Akteuren angekündigt, so geriet die Ulbrichtsche Justizpolitik wenige Wochen später wieder in das alte herrschaftspolitische Fahrwasser. Nicht nur Mitwirkende und unter den Arbeitern angesehene Akteure wurden verurteilt, sondern sogar der Justizminister Fechner selbst. Die folgenden beiden Dokumente stehen für zahlreiche ähnliche Meldungen über inhaftierte und verurteilte Mitwirkende.

geb. 1932[...],
letzte Tätigkeit: Kraftfahrer [...]
Parteizugehörigkeit vor und nach 1945: keine
festgenommen am: 31.7.1953
Delikt: Kriegs- und Boykotthetze

verurteilt am: 22.10.1953
durch: Bezirksgericht Karl-Marx-Stadt, IV. Strafsenat
Strafmaß: 4 Jahre Zuchthaus
Strafbeginn: 31.7.1953 *Strafende:* 30.7.1957

verhetzt durch einige aktive Provokateure innerhalb der Garage Katzendorf, fuhr er am 17.6.1953 eine Anzahl Bergarbeiter mit dem ihm anvertrauten Wismut-Omnibus nach Gera, um diesen die Teilnahme an den Demonstrationen gegen die DDR zu ermöglichen. Während der Fahrt nach Gera hinderte ihn sowie die nachfolgenden Fahrzeuge ein Kommando der Volkspolizei an der Weiterfahrt, worauf er anhielt und den Forderungen einiger Provokateure, die Volkspolizisten zu entwaffnen, Folge leistete. Gemeinsam mit einer Anzahl weiterer aufgewiegelter Personen bestieg er das Volkspolizeifahrzeug, entriss den Volkspolizisten die Waffen und zerschlug diese mit, zog den Volkspolizisten die Uniformen aus, riss ihnen die Mützen und Schulterstücke herunter und misshandelte sie.
Anschließend ermöglichte er den Insassen seines Fahrzeuges durch seine Hinfahrt die Teilnahme an der Provokation vorm Gefängnis in Gera, wo man die Freilassung Inhaftierter forderte, fuhr nachdem nach Katzendorf weiter und hielt unterwegs wiederholt an, um den Wünschen einiger seiner Insassen, angebrachte Losungen und Transparente zu entfernen, zu entsprechen. In Weida wurde er von einigen Bergarbeitern angehalten und aufgefordert, sich mit an einer weiteren Provokation zu beteiligen. Er schaltete sich wieder in die Provokation mit ein, indem er seinen Omnibus quer auf die Straße stellte, um alle ankommenden Fahrzeuge zum Halten zu zwingen, kontrollierte die Insassen der Fahrzeuge nach ihren Papieren und entwendete ihnen, falls sie Mitglieder der SED waren, ihre Parteidokumente und Parteiabzeichen und vernichtete diese.
Nach dem 17.6.1953 begab er sich nach Berlin, in der Absicht, auf Grund seiner begangenen Verbrechen nach den Westsektoren zu flüchten, fühlte sich jedoch infolge der Absicherung der Sektorengrenzen daran gehindert und kehrte wieder zurück.

Strafmeldung, BStU, MfS, ZA, Allg. S, Nr. 431/62, Bl. 133f

27. MfS-Strafmeldung: Zuchthaus für am 17. Juni beteiligten Lokführer

Geboren 1922 [...],
letzte Tätigkeit: E-Lok-Fahrer bei der SDAG Wismut
Parteizugehörigkeit vor und nach 1945: keine
festgenommen am: 1.10.1953
Delikt: Kriegs- und Boykotthetze
verurteilt am: 22.12.1953
durch: Bezirksgericht Karl-Marx-Stadt, IV. Strafsenat
Strafmaß: 3 Jahre Zuchthaus
Strafbeginn: 1.10.1953 *Strafende:* 30.9.1956
Er begab sich am 17.6.1953, nachdem er erfahren hatte, dass in Gera Unruhen ausgebrochen waren, in das Stadtinnere, um an den Demonstrationen gegen die Regierung der Deutschen Demokratischen Republik mit teilzunehmen.
Als er einige kleinere Gruppen von Personen feststellte, die von Parteifunktionären über den Charakter der Provokationen aufgeklärt wurden, provozierte er diese Agitatoren, hetzte die umstehenden Personen zu Gewalttätigkeiten gegen sie auf und forderte, ein später eingetroffenes Kommando Volkspolizisten zu entwaffnen. Als erster bestieg er dessen Fahrzeug, entriss ihnen Karabiner, reichte sie den am Fahrzeug stehenden und von ihm verhetzten Personen hinunter, um sie zu vernichten und nahm anschließend aktiv an der Zerstörung des Fahrzeuges teil.
Er handelte aus seiner feindlichen Einstellung heraus und in der Aussicht, dass durch solche Provokationen die wirtschaftlichen und politischen Verhältnisse in der Deutschen Demokratischen Republik gestürzt werden können.

Strafmeldung, BStU, MfS, ZA, Allg. S, Nr. 431/62, Bl. 34

28. Strafresümee der Staatsanwaltschaft Erfurt nach dem Volksaufstand

Ende 1953 resümiert der neue Leiter der für Polit-Strafverfahren in Erfurt zuständige Staatsanwalt und Leiter der Abteilung I, Seydemann, die Kriminalisierung von 17.-Juni-Akteuren. Er beschreibt u. a. die Juristensicht auf die aus der Literatur bekannte Verhaftung von Pfarrer Edgar Mitzenheim, dem Bruder des evangelischen Landesbischofs.

Verfahren vom 17.6.1953
Eine bis ins einzelne gehende Analyse dieser Verfahren ist dem Berichtsverfasser nicht möglich, da alle Staatsanwälte, die zur damaligen Zeit in der Abtl. I tätig waren, inzwischen an andere Dienststellen versetzt wurden.

Zu a) Die Arbeit der U-Abteilung beim Staatssekretariat für Staatssicherheit der Bezirksverwaltung Erfurt und der Volkspolizei ist gut gewesen. Allen Verfahren lag ein klar ermittelter Sachverhalt zugrunde, so dass es möglich war, ohne Terminaussetzungen und Vertagungen alle Prozesse durchzuführen.
In fast allen Verfahren haben die Genossen Staatsanwälte der Abtlg. I gemeinsam mit den Genossen des SfS *[Staatssekretariat für Staatssicherheit]* die Ermittlungen geführt und sich gegenseitig unterstützt, so dass keinerlei auseinandergehende Meinungen über die durchzuführenden Verfahren bestanden.

Zu b) Ein krasses Auseinanderklaffen zwischen dem Antrag des Staatsanwaltes und dem Urteil des Gerichtes hat es nicht gegeben. In der weitaus größten Zahl der Verfahren erkannte der 1. Strafsenat des Bezirksgerichtes Erfurt antragsgemäß. Nur in vereinzelten Fällen blieb das Gericht um 2 bis 4 Monate unter dem Antrag des Staatsanwaltes.

Zu c) Das Verhalten der Rechtsanwälte ist in allen Fällen ein korrektes gewesen. Es sind keine Ausfälle irgendwelcher Art vorgekommen.

Lediglich nach Erscheinen des „Fechner-Interview“ *[= Äußerung des später selbst inhaftierten Justizministers Fechner in der SED-Zentralzeitung über Streikrecht und Nichtbestrafung Beteiligter]* beriefen sich die Rechtsanwälte auf dieses und argumentierten in der Hauptverhandlung damit. Durch eingehend geführte Diskussionen der Genossen Staatsanwälte und Richter mit den Rechtsanwälten über das verbrecherische Interview des Parteifeindes Fechner konnten die Rechtsanwälte von der Gefährlichkeit des Interview und dessen Falschheit überzeugt werden.
Dieses geschah, ohne dass irgendwelche Anweisungen in dieser Richtung von der dortigen Dienststelle bzw. dem Ministerium der Justiz der Deutschen Demokratischen Republik gekommen war.

Zu d) In einem Verfahren wurde Verbindung zu verbrecherischen Organisationen in Westberlin festgestellt.
Strafsache Edgar Mitzenheim – Eckolstädt – I 314/53 –
Der Obengenannte ist Pfarrer in der Gemeinde Eckolstädt gewesen und hat die Bevölkerung aus seinem Hass gegen die Entwicklung der Deutschen Demokratischen Republik ständig negativ beeinflusst.
Als ihm die Maßnahmen der Regierung der Deutschen Demokratischen Republik vom 11.6.1953 bekannt wurden, wodurch ihm praktisch ein Strich durch seine verbrecherische Tätigkeit gemacht wurde, forderte er den Vorsitzenden der VdgB BHG *[= Vereinigung der gegenseitigen Bauernhilfe, bäuerliche Handelsgenossenschaft]* auf, etwas zu unternehmen. Er hatte zu diesem Zweck bereits eine Resolution ausgearbeitet, die u.a. den Sturz der Regierung und die Ausweisung von Angehörigen der Arbeiterklasse, die den Mitzenheim mehrfach kritisiert hatten, beinhaltete.
Nachdem die Resolution am 13.6.1953 einstimmig von dem Vorstand des VdgB angenommen wurde, fuhr Mitzenheim mit 5 weiteren Bürgern aus Eckolstädt am 16.6.1953 nach Berlin und überbrachte dem Ministerium für Land und Forstwirtschaft die Resolution. So-

dann suchte er mit anderen Mitgliedern der Delegation 3 aus Eckolstädt nach Westberlin geflüchtete Bauern auf. In Westberlin begann der Mitzenheim diese Resolution zu verlesen, wobei er zunächst von der Stumm-Polizei verhaftet wurde. Nach kurzer Überprüfung wurde Mitzenheim, nachdem ihm die Resolution abgenommen wurde, wieder auf freien Fuß gesetzt.
Er erhielt von der Stumm-Polizei bestimmte Anweisungen, wie er sich in den kommenden Tagen verhalten sollte. Als er die anderen Teilnehmer wieder traf, erklärte er diesen: „Es ist richtig, dass die in Berlin Revolution machen, nun kann uns nichts mehr passieren."
Nach seiner Rückkehr wurde Mitzenheim am 18.6.1953 verhaftet und am 18.7.1953 vom I. Strafsenat des Bezirksgerichtes Erfurt antragsgemäß zu 6 Jahren Zuchthaus wegen Verbrechens nach Art. 6. der Verfassung der Deutschen Demokratischen Republik und KD 38 Abschn. II Art. III A III verurteilt.

Zu e) aa) Alle Staatsanwälte waren der Kreisleitung Mitte der Sozialistischen Einheitspartei Deutschlands zugeteilt und waren ständig in den Schwerpunktbetrieben eingesetzt.

bb) in 3 Veranstaltungen wurde im Zusammenhang mit bestimmten Verfahren referiert. An den Veranstaltungen nahmen je weit mehr als 1000 Personen teil. Sie waren in allen Fällen positiv.

cc) Der Staatsanwalt Sch. wurde für eine Zeit direkt abgeordnet und agitierte in allen Schwerpunktbetrieben in Erfurt mit den Werktätigen.
Auch die Staatsanwälte der Abtl. I wurden von der Kreisleitung Mitte der SED zu derartigen Diskussionen herangezogen. Zahlen darüber können nicht angegeben werden.

Bericht vom Staatsanwalt Seidemann der Abteilung I der Bezirksstaatsanwaltschaft Erfurt (Auszug), o.D. (Ende Dez. 1953, ThHStA Weimar, Staatsanwaltschaft des Bezirkes Erfurt, Abteilung I, Nr. 38, Bd. 1, Bl. 104–106

29. Monatsstatistik am Bezirksgericht Erfurt

I Ks 1/54 – Eingang 4.1.54 – Kreis Erfurt – Hat am 26.11.1953 in der Öffentlichkeit die VP und die Deutsch-Sowjetische-Freundschaft herabgewürdigt – Prozesstermin: 26.2.1954
I Ks 2/54 – Eingang 4.1.54 – Kreis Eisenach – Hat im Jahre 1947 eine Waffe gegen Abgabe eines Wettermantels eingetauscht und seit dieser Zeit dieselbe im Besitz – Prozesstermin: 29.1.1954
I Ks 3/54 – Eingang 4.1.54 – Kreis Erfurt – Hat Völkerhass gegen die SU betrieben und die Regierung der DDR, die SED und die VP als Lumpen und Gauner bezeichnet – Prozesstermin: 2.2.1954
I Ks 4/54 – Eingang 4.1.54 – Kreis Weimar – Hat die Regierung der DDR, vor allen Dingen den stellv. Ministerpräsidenten Walter Ulbricht und den Staatssekretär für Staatssicherheit beschimpft – Prozesstermin: 2.2.1954
I Ks 5/54 – 5 Personen – Eingang 4.1.54 – Kreis Weimar – Haben im Jahre 1952/53 3 Schusswaffen gefunden und unter den übrigen Angeklagten veräußert – Prozesstermin: 29.1.1954
I Ks 6/54 – Eingang 8.1.54 – Kreis Erfurt – Hat im Oktober 1952 fremden Personen gegenüber Dienstgeheimnisse der VP verraten – Prozesstermin: 5.2.1954
I Ks 7/54 – Eingang 15.1.54 – Hat im Jahre 1950 vor englischen Geheimdienststellen in Westberlin und Westdeutschland Angaben über die Wismut gemacht – Prozesstermin: 9.2.1954
I Ks 8/54 – 2 Personen – Eingang 16.1.54 – Kreis Eisenach – Haben am 7.11.1953 in einem VEBetrieb ein Hakenkreuz auf eine Blechtafel mit einem Schweißbrenner eingebrannt und einen Kollegen mit dem faschistischen Gruß begrüßt – Prozesstermin: 9.2.1954
I Ks 9/54 – Eingang 18.1.54 – Kreis Erfurt – Hat im Auftrage des Ostbüros der SPD in Westberlin seit März 1953 Spionage gegen die DDR betrieben – Prozesstermin: 9.2.1954
I Ks 10/54 – Eingang 20.1.54 – Ist Ende Juli 1953 in Uniform der VP nach Westdeutschland geflüchtet und hat vor Dienststel-

len der westdeutschen Grenzpolizei und amerikanischen Geheimdienststellen Angaben über die VP gemacht – Prozesstermin: 12.2.1954

I Ks 11/54 –Eingang 23.1.54 – Kreis Erfurt – Hat im September 1952 in Westberlin eine Agentenzentrale aufgesucht und dort einen Spionageauftrag erhalten – Prozesstermin: 12.2.1954

I Ks 12/54 – Eingang 23.1.54 – Kreis Weimar – Hat das Gerücht verbreitet, dass er am 11.12.1953 von drei Personen, wovon eine sowjetische Unform an hatte, mit Gewalt verschleppt und verhört worden sei – Prozesstermin: 12.2.1954

I Ks 13/54 –Eingang 23.1.54 – Kreis Eisenach – Hat im Dezember 1953 einen VP-Angehörigen tätlich angegriffen, gegen die Oder-Neiße-Friedensgrenze und über führende Persönlichkeiten der Regierung Gerüchte verbreitet – Prozesstermin: 16.2.1954

I Ks 14/54 – Eingang 23.1.54 – Kreis Erfurt – In den letzten Jahren laufend RIAS-Hetzreden verbreitet, welche gegen führende Persönlichkeiten der Regierung der DDR und SU gerichtet waren – Prozesstermin: 16.2.1954

I Ks 15/54 –Eingang 23.1.54 – Kreis Erfurt – Hat seit 1945 bis 14.12.53 eine Pistole und Munition unerlaubt im Besitz gehabt – Prozesstermin: 12.2.1954

I Ks 16/54 – 2 Personen – Eingang 27.1.54 – Kreis Worbis – Haben bis 1953 Waffen und Munition unerlaubt im Besitz gehabt und damit Jagdfrevel begangen – Prozesstermin: 16.2.1954

I Ks 17/54 – Eingang 29.1.54 – Hat als VP-Angehöriger Angaben vor englischen, französischen und amerikanischen Geheimdienststellen über VP und Erzbergbau Aue gemacht – Prozesstermin: noch kein Termin

I Ks 18/54 – Eingang 29.1.54 – Kreis Erfurt – Hat im Dezember 1953 und Januar 1954 die DDR und die SU herabgesetzt und verleumdet – Prozesstermin: noch kein Termin

I Ks 19/54 – Eingang 29.1.54 – Kreis Apolda – Hat Ende November 1953 als Kommissar der VP einen Angehörigen vom Staatsministerium für Staatssicherheit niedergeschlagen – Prozesstermin: noch kein Termin

I Ks 19a/54 – 2 Personen – Eingang 29.1.54 – Kreis Sondershausen – Haben Ende Dezember 1952 den Vorsitzenden einer LPG provoziert, überfallen und körperlich misshandelt – Prozesstermin: 23.2.1954

I Ks 20/54 – Eingang 29.1.54 – Kreis Erfurt – Hat im Juli 1953 in 2 Briefen an den RIAS führende Staatsmänner und Funktionäre der FDJ verleumdet

I Ks 21/54 – Eingang 30.1.54 – Kreis Weimar – Ist seit 1950 bis November 1953 als bezahlter Agent der Spionageorganisation Gehlen tätig gewesen – Prozesstermin: 19.2.1954

I Ks 22/54 – Eingang 29.1.54 – Kreis Erfurt – Hat als VP-Angehöriger am 29.10.1953 in Uniform die DDR verlassen und ist über Westberlin nach Westdeutschland geflüchtet. Bei amerikanischen Geheimdienststellen in Westdeutschland hat er Dienstgeheimnisse der VP verraten – Prozesstermin: 19.2.1954

I Ks 23/54 – Eingang 29.1.54 – Hat als VP-Angehöriger vor amerikanischen, englischen und französischen Geheimdienststellen Angaben über die VP gemacht – Prozesstermin: noch kein Termin

I Ks 24/54 – Eingang 29.1.54 – Hat im Dezember 1953 in einer HO-Gaststätte den RIAS-Sender so laut eingestellt, dass die übrigen Besucher die Hetzsendungen mit anhören konnten – Prozesstermin: noch kein Termin

I Ks 25/54 – Eingang 30.1.54 – Kreis Erfurt – Hat im März 1953 Verbindung zu einem Agenten der westlichen Geheimzentralen aufgenommen, Spionageauftrag erhalten und weitergeleitet – Prozesstermin: 23.2.1954

I Ks 26/54 – Eingang 29.1.54 – Kreis Gotha – Hat seit 1953 im Gebiete der DDR Spionage getrieben – Prozesstermin: noch kein Termin

I Ks 27/54 – Eingang 30.1.54 – Hat Angaben vor Geheimdienststellen in Westdeutschland gemacht – An Jugendstrafkammer abgegeben

I Ks 28/54 – 4 Personen – Eingang 30.1.54 – Kreis Erfurt – Haben in Erfurt 1952 eine Nationale Widerstandsgruppe gebildet und im Auftrage der Agentenzentralen N.T.S. und CIC Spionage gegen die DDR betrieben – Prozesstermin: noch kein Termin

I Ks 29/54 – Eingang 30.1.54 – Kreis Gotha – Hat führende Persönlichkeiten der DDR beschimpft – Prozesstermin: noch kein Termin

Arbeitsstatistik für Januar 1954, o.D., ThHStA Weimar, Bezirksgericht Erfurt, Nr. 0/423, Bl. 77–80

30. MfS-Strafmeldung: Suhler Glasmacher als „Boykotthetzer"

Stasi und Justiz wurden auf den Südthüringer Glasmacher nur durch Aussagen aus dem Kollegenkreis und Denunziation aufmerksam. Der Glasmacher kam im Oktober 1953 in Stasi-U-Haft und nach Verurteilung von März 1954 bis Oktober 1955 ins Zuchthaus.

[...] Er war Mitglied des FDGB und der DSF. Im RFT-Röhrenwerk „Anna Seghers" in Neuhaus betrieb er laufend Hetze gegen die Deutsche Demokratische Republik und die Sowjetunion. 1952 sagte er zu einem Arbeitskollegen, dass die Arbeiter der volkseigenen Betriebe diese mitsamt den Rohstoffen und den Betriebsmaterialen von den Unternehmern gestohlen hätten. In einer Belegschaftsversammlung der Glasabteilung des RFT-Röhrenwerkes „Anna Seghers" im Jahre 1952, in der eine Note der Sowjetunion an die Westmächte besprochen wurde, sagte er: „Wenn die Russen am Rhein gestånden hätten, dann hätten wir mehr Schläge bekommen als Brot zu essen."
Im Herbst 1952 war er wegen persönlicher Angelegenheiten zu einer BPO-Sitzung geladen worden. Auf dieser Sitzung behauptet er: „Die SS-Division ‚Das Reich' hat keine Verbrechen begangen. Der Faschismus wollte nur das Gute und wollte den Sozialismus in ganz Europa errichten." In der gleichen Sitzung behauptete er, nie von einem KZ gehört zu haben. Weiter vertrat X. die Ansicht, dass der Krieg für Deutschland siegreich beendet worden wäre, wenn die Generäle keinen Verrat geübt

hätten. In einem Gespräch mit dem Zeugen Z. über seine Gefangenschaft sagte er, dass er nie ein Freund der Sowjetunion sein könne und noch eine alte Rechnung bezüglich seiner sowjetischen Gefangenschaft zu begleichen habe. In diesem Zusammenhang behauptete er noch, dass in der sowj. Gefangenschaft viele Hunderttausende seiner Kameraden an Hunger zugrunde gegangen seien. Gegenüber Y. und YY. erklärte er, dass die Regierung der Deutschen Demokratischen Republik unfähig sei und zurücktreten müsse. Auch gegen der Zeugin W. sagte er, dass die Regierung der DDR nach den Vorkommnissen am 17. 6. ihr Amt niederlegen müsste. Als die Zeugin ZZ. und er über sowjetische Neuerermethoden diskutierten, sagte dieser: „Die können uns nichts lernen, die sind doch rückständig, die schlafen auf dem Ofen."
Zu den Wahlen in Westdeutschland sagte er, dass die den Leuten eben etwas geboten hätten und deshalb wieder gewählt wurden.
Er musste sich auf einer Belegschaftsversammlung wegen seiner Hetze rechtfertigen, wo er diese sinngemäß wiederholte. Auf einstimmigen Beschluss der Belegschaft des RFT-Röhrenwerkes „Anna Seghers" wurde er entlassen.
Er wurde wegen Verbrechen nach Artikel 6 der Verfassung der DDR und KD 38 zu 4 Jahren Zuchthaus verurteilt.

Strafmeldung des Bezirksgerichtes Suhl im Bestand des zentralen Stasi-Archivs (Auszug), BStU, MfS, ZA, All. S, Nr. 432/62, Bl. 20f

31. MfS-Strafmeldung: Liberaler wegen Spionage enteignet und verurteilt

Das Suhler Bezirksgericht verurteilte auch diesen Liberalen und sprach mit sechs Jahren Zuchthaus eine überdurchschnittliche Strafe aus. Der Kontakt und Austausch mit westdeutschen Parteifreunden (FDP-Ostbüro) wurde ihm als „Spionagetätigkeit" ausgelegt. Auch dies ein probates Mittel der SED, konkurrierenden Parteien die Handlungsbasis zu entziehen.

geboren 1921 [...]
letzte Tätigkeit: Werkzeugmacher
Parteizugehörigkeit vor 1945: keine
nach 1945: seit März 1946 LDP
letzte Parteifunktionen: (keine) Mitglied d. Kreisvorstandes der LDPD Sonneberg
festgenommen am: 5.12.1953
Delikt: Spionagetätigkeit
verurteilt am: 19.3.1954 *durch:* Bezirksgericht Suhl
Strafmaß: 6 Jahre Zuchthaus
Strafbeginn: 7.4.1954 *Strafende:* 10.12.1959

1946 trat er in die LDPD ein [...] im August 1953 trat er in Westdeutschland der FDP bei.
Im Mai 1953 flüchtete er aus wirtschaftlichen Gründen, ebenso sein Vater, nach Westberlin. In Westberlin durchlief er mehrere Stellen. Von ausländischen Personen, denen er nur unbedeutende Angaben machte, wurde er an das Ostbüro der FDP verwiesen. Beim Ostbüro der FDP machte er folgende Angaben: Er nannte 5-6 Mitglieder des Kreisvorstandes der LDPD Sonneberg (Namen, Beruf und Arbeitsstelle). Er machte Angaben über den Bezirksparteitag der LDPD im April 1953 in Meiningen und über die Stimmung der Bevölkerung, die sich in einer „Angstpsychose" befände. Er nannte verschiedene SED-Funktionäre aus dem Kreis Sonneberg und charakterisierte sie. Er berichtete vom Aufenthalt sowjetischer Soldaten in Sonneberg und nannte drei Orte, wo sich Kommandos der Deutschen Grenzpolizei befinden, und sagte, dass die Grenze streng bewacht würde. Er sagte, dass er im Raum Sonneberg noch keine Panzer und keine Flugplätze gesehen hätte.
Mit seinem Vater war er beim UfJ *[= Untersuchungsausschuss freier Juristen]*, wo er Angaben über die „schlechte Stimmung" der Bevölkerung machte und den Leiter der Abteilung Finanzen des Kreises Sonneberg nannte und dessen Tätigkeit schilderte. Im Juni 1953 schrieb er einen Drohbrief an die BGL *[= Betriebsgewerkschaftsleitung]* des väterlichen Betriebes, in dem er die Regierung der DDR beschimpfte und die BGL einschüch-

tern wollte, damit sie den Betrieb erhalten soll für ihn und seinen Vater. Er flog dann nach Westdeutschland aus, kehrte aber 1953 im November wieder zurück und wurde 1953 dann verhaftet. Verbrechen nach Artikel 6 der Verfassung der DDR und KD 38 zu 6 Jahren Zuchthaus verurteilt und Vermögenseinzug.

Strafmeldung im zentralen Stasi-Archiv, BStU, MfS, ZA, Allg. S, Nr. 434/62, Bl. 77f

32. MfS-Strafmeldung: ehemaliger Polizist als vermeintlicher Spion

Sämtliche Dienstinterna der Polizei standen für die SED unter Geheimnisschutz, denn hier spielten sich erste Remilitarisierungsprozesse ab, die von den Sowjets zwar gefördert, nach dem II. Weltkrieg aber eigentlich untersagt waren. Die westalliierten Dienste waren an entsprechenden Informationen interessiert und der genannte Y. könnte möglicherweise ein Mitarbeiter des westdeutschen Nachrichtendienstes „Organisation Gehlen" gewesen sein.

geboren 1927 [...]
letzte Tätigkeit: Hilfsschlosser
Parteizugehörigkeit vor 1945 und nach 1945: keine
festgenommen am: 28.8.1953
Delikt: Spionage
verurteilt am: 18.5.54 *durch:* Bezirksgericht Suhl
Strafmaß: 3 Jahre Zuchthaus
Strafbeginn: 18.5.54 *Strafende:* 27.9.1956

Er stammt aus einer Arbeiterfamilie. Von 1944 bis Kriegsende gehörte er einer SS-Division Großdeutschland an. Beim Zusammenbruch Hitlerdeutschlands geriet er in sowjetische Gefangenschaft, aus der er im Dezember 1949 entlassen wurde. Ab Januar 1950 bis März 1953 war er Angehöriger der Deutschen Volkspolizei, aus der er wegen unmoralischen Verhaltens entlassen wurde.

Während seines Dienstverhältnisses bei der Deutschen Volkspolizei machte er die Bekanntschaft mit einer Person namens Y. Obwohl ihm aus Äußerungen des Y. bekannt war, dass er ein Gegner unseres Arbeiter- und Bauernstaates ist, hat er die Beziehungen zu Y. nicht abgebrochen. Bei gemeinsamen Saufgelagen, wo Y. immer die Zeche bezahlte, hat er dem Y. Dienstgeheimnisse der Volkspolizei verraten.
Er schilderte ihm den Tagesablauf des Dienstes, erzählte ihm Einzelheiten aus dem Ausbildungsplan, des weiteren berichtete er über die Art und Anzahl der Waffen seiner Dienststelle und nannte den Namen des Dienststellenleiters. Bei einer Geburtstagsfeier erzählte Y. ihm, dass er beabsichtigt, mit seiner Freundin nach Hamburg zu gehen, er sich aber weiterhin dafür interessieren würde, was in der Dienststelle vorgeht. Nach dieser Erklärung erhielt er den Auftrag, Y. laufend über die Vorkommnisse in seiner Dienststelle nach Hamburg zu berichten.
Weiter schlug Y. ihm vor, Zersetzungs- und Wühlarbeit unter den Angehörigen seiner Dienststelle zu leisten. Obwohl er als Volkspolizeiangehöriger nun erkannte, dass es sich bei dem Y. um einen Agenten imperialistischer Geheimdienste handelte, hat er es unterlassen, seiner Dienststelle über den Vorfall eine Meldung zu machen.
Die von dem Agenten Y. erhaltenen Aufträge hat er angeblich nicht ausgeführt.

Strafmeldung, BStU, MfS, ZA Allg. S, Bd. 431/62, Bl. 287f

33. MfS-Strafmeldung: Äußerungen wie „Gipskopf Stalin" und „Saustaat DDR"

Auch auf diese kritischen Äußerungen konnten Stasi und Justiz nur aufgrund von Kollegeninformationen aufmerksam werden. Diese typische Strafmeldung stammt aus der einschlägigen Meldungssammlung der Stasi-Zentrale.

geboren 1919
letzte Tätigkeit: Bauabrechner
Parteizugehörigkeit vor 1945: NSDAP
nach 1945: 1946–47 SED, 1948–51 LDP
festgenommen am: 9.3.54
Delikt: Boykotthetze
verurteilt am: 11.6.54 *durch:* Bezirksgericht Suhl
Strafmaß: 3 Jahre Zuchthaus
Strafbeginn: 11.6.54 *Strafende:* 9.3.1957

Er entstammt einer Handwerkerfamilie. [...] Bis 1939 Jungvolk, 1939–40 NSDAP, 1946–47 SED, 1948–1951 LDP, seit 1948 FDGB. Keinerlei gesellschaftliche Arbeit, Hetze betrieben.
Beim Tod Stalins stand der Zeuge Z. an der Büste des Verstorbenen Ehrenwache. Er sagte zu dem Zeugen, dass er dumm wäre, sich dort hinzustellen, wobei er Stalin noch als „Gipskopf" oder ähnlich bezeichnete.
Im Juni 1953 sagte er bei einer Diskussion: „Wenn es nur in Meiningen erst los ginge, damit man alles zusammenschlagen und aufhängen könnte." Weiterhin sagte er sinngemäß, dass sich die DDR ein demokratischer Staat nenne, und dabei würden die Polizei und die „Russen" auf die Arbeiter schießen. Bei der Verkündung des neuen Kurses *[= SED-Politikkurs nach dem 17. Juni]* war er der Meinung, dass auch Neuwahlen stattfinden müssten.
Im Januar 1954 vertrat er anlässlich der Außenministerkonferenz in Berlin die Auffassung, dass der sowjetische Außenminister Molotow daran schuld sei, dass die Einheit Deutschlands nicht zustande käme.
Er sagte in diesem Zusammenhang auch, dass die „Russen" ewig in Deutschland bleiben und uns knechten wollen.
Im März 1954 diskutierte er mit A. und B., dass er sich in der DDR wegen der „Wucherpreise" nichts gönnen könnte. Er äußerte sich weiterhin sinngemäß, dass die Zeit bald kommen wird, wo die führenden Funktionäre zum Teufel gejagt und aufgehängt werden. Er sagte weiterhin, dass die Umsiedler ihre Sachen auch wiederholen werden. Die DDR bezeichnete er als „Saustaat".

Wegen Verbrechen nach Artikel 6 der Verfassung der DDR und KD 38 zu 3 Jahren Zuchthaus verurteilt.

Strafmeldung, BStU, MfS, ZA, Allg. S, Nr. 431/62, Bl. 163

34. Halbjahresbericht der Bezirksstaatsanwaltschaft Erfurt

Die Staatsanwälte-Abteilung I war, wie mehrfach erwähnt, zuständig für alle politischen Strafverfahren am Bezirksgericht Erfurt. Aus den im Staatsarchiv Weimar befindlichen Arbeitsunterlagen stammt auch folgende Trendanalyse geahndeter „Verbrechen".

Tätigkeit der Abteilung I im I. Halbjahr 1954
Analyse der Kriminalität anhand der Neueingänge
Im Berichtszeitraum ist ein Ansteigen der Kriminalität gegenüber dem II. Halbjahr 1953 um 49 Verfahren = 37,4 % zu verzeichnen. Das Ansteigen der Verfahren spiegelt insbesondere die Verschärfung des Klassenkampfes wider, der seit der Durchführung des neuen Kurses *[= SED-Politikkurs infolge des 17. Juni]* von der Partei der Arbeiterklasse und der Regierung der Deutschen Demokratischen Republik eingetreten ist.
Die Deutsche Demokratische Republik, als Hort des Friedens und die Basis im Kampf um ein einheitliches, friedliebendes, demokratisches Deutschland, ist den Kriegstreibern in Bonn und den USA für die Durchsetzung ihrer verbrecherischen Ziele ein unüberwindliches Hindernis. Deshalb versuchen sie mit allen Mitteln die Erfolge beim Aufbau des Sozialismus in der Deutschen Demokratischen Republik zunichte zu machen. Deshalb bereiten sie den bewaffneten Überfall auf die Deutsche Demokratische Republik vor.
Wenn man einen Vergleich zwischen der verbrecherischen Tätigkeit des Klassengegners im II. Halbjahr 1953 und dem I. Halbjahr 1954 zieht, so zeigt sich die oben aufgezeigte Linie des Klassengegners augenscheinlich.

Lag im II. Halbjahr 1953 der Schwerpunkt der feindlichen Tätigkeit bei Angriffen gegen die demokratischen Einrichtungen und Organisationen, sowie deren Funktionären in der Deutschen Demokratischen Republik, 82 Verfahren, 110 Personen, während die Spionagetätigkeit im Verhältnis dazu nur 26 Verfahren mit 32 Personen ausmacht, so liegt der Schwerpunkt der Arbeit des Klassengegners jetzt bei der Spionagetätigkeit. Im I. Halbjahr 1954 sind 70 Verfahren mit 115 Personen wegen Spionageverbrechen anhängig geworden, während der Schwerpunkt, Angriffe gegen demokratische Einrichtungen und Organisationen erheblich, nämlich auf 56 Verfahren mit 85 Personen zurückgegangen ist. [...]

Soweit es sich um Spionage militärischer Art handelt, sind im Bezirk Erfurt die Kreise Gotha und Eisenach Schwerpunkt. In diesen Kreisen hat die Gehlen-Organisation ihre Agentennester eingerichtet. Dies ist darauf zurückzuführen, weil in den genannten Kreisen einige Objekte der Sowjetarmee und Objekte der Deutschen Volkspolizei liegen.

Soweit es sich um Spionage wirtschaftlicher und politischer Natur handelt, sind die Kreise Erfurt, Mühlhausen, Nordhausen, Sömmerda und Eisenach Schwerpunkt, da in diesen Kreisen Schwerpunktbetriebe mit besonderer Struktur und Produktion liegen.

Das Ansteigen der Verfahren wegen Spionagetätigkeit ist aber auch ein Beweis der verbesserten Arbeit der Sicherheitsorgane der Deutschen Demokratischen Republik, die selbstlos und aufopferungsvoll tätig waren bei der Aufdeckung der Gehlen-Organisation. Das Bloßlegen der Verbindungen dieser Agentenzentralen führte dazu, dass viele Spione, die bis dahin ihre verbrecherische Tätigkeit ausgeübt hatten, erkannt und entlarvt wurden.

Die Mittel und Methoden bei der Durchführung der Spionagetätigkeit sind mannigfaltig und verschieden. Entweder wird die Spionage von eingeschleusten Spionen oder von klassenfeindlichen und deklassierten Elementen in der Deutschen Demokratischen Republik durchgeführt, wobei die Methoden die gleichen sind, wie sie umfassend im Prozess gegen die Gehlen-

Bande vor dem Obersten Gericht der Deutschen Demokratischen Republik festgestellt wurden.
Die Motive für die begangenen Verbrechen sind in 1. Linie, dass feindliche Elemente die Grundlagen der Macht der Arbeiter und Bauern angreifen. Desweiteren finden sich immer wieder verantwortungslose und deklassierte Elemente, die für schnöden Sold ihre Heimat verraten.

Zuarbeit zum 1. Halbjahresbericht 1954 der Abteilung I der Bezirksstaatsanwaltschaft Erfurt (Auszug), o.D., ThHStA Weimar, Staatsanwaltschaft des Bezirkes Erfurt, Abteilung I, Nr. 38, Bd. 1, Bl. 232ff

35. Strafmeldung: Betriebsleiter als „Schädling"

Ab Mitte der 50er-Jahre wurden zunehmend feindliche Schuldige für die wirtschaftlichen Miseren und Engpässe gesucht, da die SED im Grunde nicht zu einer kritischen Überprüfung ihrer wirtschaftspolitischen Entscheidungen fähig war.

geboren 1904
letzte Tätigkeit: Betriebsleiter im VEB
Parteizugehörigkeit vor 1945: keine *nach 1945:* keine
festgenommen am: 5.3.54
Delikt: Schädlingstätigkeit
verurteilt am: 10.7.54 *durch:* Bezirksgericht Gera
Strafmaß: 3 Jahre, 6 Monate Zuchthaus
Strafbeginn: 5.3.54 *Strafende:* 4.9.57

Er hat seit Januar 1953, dem Zeitpunkt seiner Arbeitsaufnahme in dem zum VEB [...] gehörenden Werk Schädlingstätigkeit betrieben, indem er die Fertigstellung des im Ausbau befindlichen Kalkofens III verzögerte und stilllegte. Die zur Fertigstellung des Ofens bewilligten 21.000 DM wurden nutzlos verbaut. Außerdem ließ er die Reparaturarbeiten an einem Behelfsofen nur von einer Schicht ausführen, wodurch diese bewusst lange hinausgezögert wurden.

Weiter ließ er während der Durchführung der Ausmauerung an diesem Ofen die Brennzone an der unteren Sohle verengen, wodurch ein schnelleres Abnutzen der Schamottemauerung entstand, die Haltbarkeit des Ofens verkürzt und die Produktionsleistung gemindert wurde. Ferner hat er einen Ofen ohne vorherige Austrocknung nach erfolgter Ausmauerung füllen und anheizen lassen, wodurch Schäden hervorgerufen wurden.
Am 26.2.54 verunglückte ein Arbeiter im Steinbruch des Betriebes tödlich, weil er entgegen der Arbeitsschutzbestimmungen keine Schutzhelme ausgegeben hatte.

Strafmeldung, BStU, MfS, ZA AS 431/62, Bl. 85

36. MfS-Strafmeldung: „Untergrundarbeit“ durch Verbreitung von Zeitschriften

Zum Herrschaftsmonopol gehörten für die SED auch das Meinungs- und das Informationsmonopol. Andere in- oder ausländische Medien wurden verboten, kritische Medien kriminalisiert. Die Weiterverbreitung westlicher Zeitschriften galt als praktizierte Hetze, wie im Falle eines kleinen Zeitschriftenzirkels eines Südthüringer Bademeisters. Auch die Kritik unfreier Wahlen konnte als Verurteilungsgrund ausreichen.

geboren 1895 [...]
letzte Tätigkeit: Bademeister
Parteizugehörigkeit vor 1945: keine *nach 1945:* LDP
festgenommen am: 9.10.1954
Delikt: Untergrundtätigkeit und Boykotthetze
verurteilt am: 22.12.1954 *durch:* Bezirksgericht Suhl
Strafmaß: 5 Jahre Zuchthaus
Strafbeginn: 14.10.1954 *Strafende:* 15.10.1959

[...] Von 1943 bis zu seiner Verhaftung war er in der Badeanstalt seiner Ehefrau als Bademeister und Masseur tätig. Er ist seit

1945 Mitglied der Liberaldemokratischen Partei Deutschlands und seit 1953 Mitglied des FDGB. Er leistete keinerlei gesellschaftliche Arbeit.
Von 1950 bis zu seiner Verhaftung betrieb er fortgesetzt Boykotthetze, indem er westdeutsche Hetzschriften illegal einführte und verbreitete.
1950 hatte er vom ehemaligen Faschisten Y. eine Anzahl westdeutscher Zeitschriften, sowie auch eine Hetzschrift „Tarantel" und ein Hetzblatt gegen das Deutschlandtreffen erhalten. In diesen Hetzschriften wurde die Sowjetunion und Deutsche Demokratische Republik verleumdet.
Als er festgestellt hatte, dass diese Schriften Hetze gegen SU und DDR beinhalten, gab er diese an bekannte Personen zum Lesen weiter.
1952 erhielt er wiederum Hetzschriften von Y., die er ebenfalls zum Lesen an Personen weitergab.
Im Herbst 1952 erhielt er von seinem Schwager aus Kaiserslautern 12 deutsche Zeitschriften, alle diese Zeitschriften beinhalten Hetze gegen die Deutsche Demokratische Republik. Auch diese Zeitschriften hatte er an Personen weitergegeben.
1954 erhielt er wiederum die westdeutschen Zeitschriften von seinem Schwager, die Hetze gegen die DDR beinhalteten, und diese hat er ebenfalls weitergegeben.
Im August 1954 schleuste der Beschuldigte illegal mit seinem Personenkraftwagen ca. 18 westdeutsche Zeitschriften, die er im Sitz seines Wagens versteckt hatte, in die DDR ein. Auch diese Zeitschriften beinhalteten Hetze, und er hat diese unter weiteren Personen verbreitet.
Weiterhin betrieb er Hetze gegen die Volkswahlen. Er sagte, dass es keine „Freien Wahlen" sind, da man keine Parteien wählen kann. In dieser Meinung wurde er durch das Abhören der Westsender noch bestärkt. Gegen die Sozialistische Einheitspartei Deutschlands hetzte er ebenfalls, indem er sagte, dass die SED viel verspricht und nichts hält.

Strafmeldung, BStU, MfS, ZA, Allg. S, Bd. 433/62, Bl. 145f

37. Polit-Staatsanwalt kritisiert Stasi-Strafverfolgungsarbeit

Stasi-Vernehmer und Polit-Staatsanwälte arbeiteten in der Regel im „engen Schulterschluss" an den politischen Strafverfahren – mitunter gab es untereinander auch taktische oder technische Differenzen. Der leitende Polit-Staatsanwalt Seydemann war im Grunde der einzige Außenstehende mit Einblick in die Erfurter Stasi-Untersuchungstätigkeit. Solche Dokumente erhärten auch Aussagen der Verhörten, z. B. zur verfälschenden Verhörprotokollierung.

Aufsicht über die Untersuchungsorgane
Im Berichtszeitraum ist durch ständige Hinweise und Rücksprachen eine wesentliche Verbesserung der Arbeit der U-Abtl. und auch der operativen Abtl. des Staatssekretariats für Staatssicherheit eingetreten. Die Mängel, wie sie im I/54 bestanden, dass mehr in die Ermittlungsvorgänge hineingeschrieben wurde, als tatsächlich geschehen war.
Noch immer jedoch verstehen es einzelne Vernehmer nicht, die eigenen Worte der Beschuldigten festzuhalten, was zu Unzulänglichkeiten in der Hauptverhandlung führte. Die Genossen wurden in den einzelnen Fällen wiederholt darauf aufmerksam gemacht. Um diese Verfahren zum Abschluss bringen zu können, mussten sie als Zeugen in der Hauptverhandlung erscheinen.
Da jetzt in allen Fällen *[zusätzlich]* eine Vernehmung des Beschuldigten vor Anklageerhebung und eine weitere vor dem Hauptverhandlungstermin durch den Staatsanwalt vorgenommen wird, werden diese Schwierigkeiten in Zukunft nicht mehr auftreten.
In vielen Fällen fehlt noch immer ein umfassendes Bild über die Person des Täters (Beurteilung und Charakteristik). Zu wenig befasst sich das U-Organ mit dem Subjekt des Verbrechens. Besonders deutlich wurde dies in der Strafsache G. und Andere – I 252/54 –. Beim Verurteilten R. wurden Orden und Ehren-

zeichen aus dem I. Weltkrieg gefunden und bei Schilderung des Lebenslaufes durch R. vom U-Organ zur Kenntnis genommen, dass dieser bis 1922 Angehöriger der „Schwarzen Reichswehr“ war. Man bemühte sich nicht, irgendwie Einzelheiten festzustellen, wofür R. die Orden erhalten hat und warum er so lange bei der Wehrmacht war. Erst in der Hauptverhandlung war R. als übler Reaktionär und Konterrevolutionär entlarvt [...] Diese wichtigen Momente wurden vom U-Organ überhaupt nicht erforscht. Hier wurde eine ernste Aussprache geführt, um solche Fehler in Zukunft auszuschalten.
Noch immer nimmt das U-Organ des Staatssekretariats für Staatssicherheit in fast allen Ermittlungsverfahren die volle Frist in Anspruch. Jedoch sind die Fristüberschreitungen wesentlich herabgedrückt worden. Mussten im I/54 in 39 Verfahren Fristverlängerungen gewährt werden, so machten sich im II/54 nur in 8 Fällen Verlängerungen notwendig. Hier handelte es sich um Verfahren mit mehreren Personen, in denen umfangreiche und schwierige Ermittlungen hinsichtlich deren Spionage- und Sabotagetätigkeit geführt werden mussten.
Das Staatssekretariat für Staatssicherheit – Bezirksverwaltung Erfurt – ist ständig bemüht, Unzulänglichkeiten ihrer Arbeit zu beseitigen und die demokratischen Gesetzlichkeiten strengstens einzuhalten.
Nicht so ist es jedoch mit den Kreisdienststellen des SfS im Bezirk, da ergeben sich immer wieder Schwierigkeiten. Hierzu 2 Beispiele:

Ermittlungssache P.
Am 18.12.1954 erhielt ich Kenntnis, dass in der U-Haftanstalt Weimar seit dem 5.10.1954 P. wegen illegalen Grenzübertritt (Regierungsverordnung vom 9.6.1952) einsitzt, ohne dass sich in diesen 8 Wochen ein U-Organ oder Staatsanwalt um ihn gekümmert hat. Die Nachforschungen ergaben, dass vom Kreisgericht Weimar (Richterin Schmelzer) auf Antrag des Staatssekretariat für Staatssicherheit Haftbefehl erlassen wurde, ohne dass ein Antrag des Staatsanwalt vorlag. [...]

Ermittlungssache gegen F.
Gegen die Beschuldigte wurde am 25. 8. 1954 von Stadt-Bezirks-Gericht Berlin-Mitte Haftbefehl wegen KD 38 und § 353 b StGB erlassen, weil sie im dringenden Verdacht stand, mit einem umfassenden Bericht über die Hochschule Weimar westliche Dienststellen angelaufen zu haben, um dort als sogenannter „politischer Flüchtling" anerkannt zu werden. Erst am 21.9.1954 wurde die F. von Berlin nach Erfurt in die U-Haftanstalt Weimar verlegt.
Das U-Organ wurde von mir angewiesen, besonders die Gründe für die Republikflucht der F. zu erforschen. Um einen Überblick über die Verhältnisse an der Hochschule zu erhalten, sollten sich die Genossen vom VPKA *[=Volkspolizei-Kreisamt]* Weimar mit dem Mitarbeiter des SfS *[= Staatssekretariat für Staatssicherheit]* der Kreisdienststelle Weimar in Verbindung setzen.
Nach Rücksprache zwischen einem Mitarbeiter des VPKA und der Kreisdienststelle Weimar wurde von der Kreisdienststelle des SfS der Vorgang übernommen, obwohl das Staatssekretariat für Staatssicherheit – Bezirksverwaltung Erfurt – die Übernahme bereits abgelehnt hatte. Der Vorgang befand sich dann vom 21.10.1954 bis 15.12.1954 bei der Kreisdienststelle des SfS Weimar, ohne dass daran etwas gearbeitet wurde. Es wurde lediglich am 21.11.1954, nachdem man feststellte, dass die 3-Monatsfrist überschritten ist, versucht, den Vorgang wieder an das VPKA abzuschieben. Dieses lehnte jedoch die Übernahme ab. In der Folgezeit wurde der Vorgang zwischen beiden Dienststellen hin und her geschickt. Nach Ablauf der von mir genehmigten Ermittlungsfrist habe ich ständig versucht, die Akten zu erhalten, was nicht gelang, da diese angeblich nicht auffindbar waren.
Am 15.12.1954 wurden die Akten von der Kreisdienststelle durch den Staatsanwalt Weimar-Stadt übernommen und inzwischen der Vorgang zum Abschluss gebracht. [...]

Diese Fälle wurden zur Veranlassung genommen, mit dem Leiter des Staatssekretariat für Staatssicherheit – Bezirksver-

waltung Erfurt – eine Aussprache zu führen. An dieser Besprechung nahm die gesamte Leitung, die Freunde *[= Sowjet. Kontrollkommission]* und der Leiter der Kreisdienststelle Weimar, der für diese Ungesetzlichkeiten verantwortlich ist, teil. Letzterer wurde auf seine schlechte Arbeitsweise hingewiesen und durch die Leitung disziplinarisch zur Verantwortung gezogen.
Der Leiter des SfS – Bezirksverwaltung Erfurt – wurde gebeten, diese Beispiele einer schlechten Arbeit allen Kreisdienststellenleitern bekannt zu geben, so dass zu erwarten ist, dass in Zukunft solche Dinge nicht wieder vorkommen.

Zuarbeit zum 2. Halbjahresbericht 1954 des Leiters der Abteilung I der Bezirksstaatsanwaltschaft Erfurt, Staatsanwalt Seidemann (Auszug), o.D., ThHStA Weimar, Staatsanwaltschaft des Bezirkes Erfurt, Abteilung I, Nr. 38, Bd. 1, Bl. 376ff

38. „Antidemokratische Verbrechen" laut einer MfS-Strafmeldung

Der hier Betroffene wurde nicht wegen „Boykotthetze" verurteilt, sondern nach einer Alliierten Vereinbarung von 1945. In der Kontrollrats-Direktive wurde der Willen bekundet, im Unterpunkt „IIAIII", alle NS- und Kriegshetze zu ahnden. Die SED-Politik münzte dies zu einem „Straftatbestand" um, der für alle sowjet- oder kommunismuskritischen Äußerungen in Anwendung gebracht wurde. In vielen anderen Dokumenten vor 1957 taucht dieser „Strafgrund" ebenfalls auf.

geboren 1913 [...]
letzte Tätigkeit: selbständiger Dachdeckermeister
Parteizugehörigkeit vor 1945 und nach 1945: keine
festgenommen am: 5.10.1954
Delikt: andere antidemokratische Verbrechen
verurteilt am: 12.1.1955 *durch:* Bezirksgericht Suhl
Strafmaß: 2 Jahre und 6 Monate Gefängnis
Strafbeginn: 12.1.1955 *Strafende:* 4.4.1957

[...] Anlässlich des Richtfestes am 23.8.1954 im Felsenkeller in Oberweißbach vom VEB Glühlampenwerk Oberweißbach, zu dem X. eingeladen war, machte er in Anwesenheit westdeutscher Gäste hetzerische Äußerungen gegen die DDR, indem er zum Ausdruck brachte, dass das Essen, was verzehrt worden sei, der wöchentlichen Fleischration eines Grundkarteninhabers entspräche, was in keiner Weise der Wahrheit entsprach. Er war, als er die Äußerung tat, stark angetrunken.
Am 7.9.1954 befand er sich mit seinen Berufskollegen Y. in der Gaststätte „Bergbahn" in Lichtenhain. Im Verlaufe des Abends machte er hetzerische Äußerungen über die sowjetischen Truppen, indem er behauptete, dass sowjetische Soldaten Frauen vergewaltigt hätten, ihnen anschließend Genickschüsse gegeben hätten. Er will selbst in Ungarn gesehen haben, wie Frauen aus dem Geschlechtsteil bluteten. Weiterhin brachte er zum Ausdruck, dass die selbständigen Dachdecker nicht genügend Material und Geld bekämen, falls sich das nicht ändern würde, wäre ein neuer 17. Juni zu erwarten.
Ferner äußerte er sich abfällig über die DSF *[= Deutsch-Sowjetische Freundschaft]*. Während der hetzerischen Äußerungen war er stark angetrunken.
Er wurde wegen Verbrechen nach KD 38 zu 2 Jahren und 6 Monaten Gefängnis verurteilt.

Strafmeldung, BStU, MfS, ZA, Allg. S, Nr. 434/62 Bd. 2, Bl. 184f

39. „Abwerber" im Jahresbericht der Bezirksstaatsanwaltschaft Erfurt

Mit dem 1954 erlassenen „Passgesetz" wurde das Betreten der Grenzanlagen regulär unter Strafe gestellt. Ein weiterer Strafparagraf betraf das „Verleiten zum Verlassen des Gebiets der DDR", mit dem auch Fluchthelfer, Fluchthinweis-Geber oder „Verherrlicher" der Bundesrepublik systematisch kriminalisiert wurden. Als Strafsatz „Nichtanzeige einer beabsichtigten Straftat" galt dieser Rechtssatz noch im Jahre 1989. Die Jahresana-

lyse der Polit-Staatsanwaltschaft Erfurt zeigt, dass der neue Strafgrund schnell zum „Schwerpunkt" der Arbeit wurde.

Der besondere Schwerpunkt der feindlichen Tätigkeit ist jedoch im Berichtszeitraum die Abwerbung bzw. die Verleitung zur Republikflucht. Hier ist es uns bisher noch nicht, außer in einem Falle, gelungen, einen von westlichen Dienststellen beauftragten Abwerber zu ermitteln. Durch das U-Organ der VP sind z. Zt. 5 Verfahren gegen Abwerber vorläufig eingestellt, da diese republikflüchtig sind. Vier weitere Verfahren sind noch beim U-Organ in der Ermittlung. Es handelt sich bei diesen Verfahren um feindliche Elemente unseres Staates, die beeinflusst durch die RIAS-Hetze Bürgern unserer Republik den westdeutschen aggressiven Staat schmackhaft machen, um sie dadurch zur Republikflucht zu verleiten und unseren Staat Arbeitskräfte zu entziehen und unserer Wirtschaft zu schädigen. Aber auch mit den Mitteln der Drohung versuchen die Klassenfeinde, Bürger unserer Republik hierzu zu veranlassen. So hat z. B. der Beschuldigte R. in Nordhausen, die Ärztin in der Poliklinik Ellrich und deren Familie im Zeitraum von mehreren Wochen des öfteren telefonisch angerufen und sogenannte „Warnungen" vor einer Festnahme durch das MfS gegeben, wobei er sich sogar als Angestellter des MfS meldete.

Zuarbeit zum Jahresbericht 1954/55 der Abteilung I der Bezirksstaatsanwaltschaft Erfurt (Auszug), o. D., ThHStA Weimar, Staatsanwaltschaft des Bezirkes Erfurt, Abteilung I, Nr. 38, Bd. 1, Bl. 412ff

40. MfS-Strafmeldung wegen Beleidigung von „Kandidaten der Nationalen Front"

Auch dieser Fall belegt die Benutzung des Strafrechts zum Zwecke der Unantastbarkeit der Funktionäre. Führten 1952 noch vorrangig Handgreiflichkeiten mit Polizisten und Funktionären zur Verurteilung, genügte später bereits das öffentliche Ausspre-

chen funktionärskritischer Tatsachen. Der Landwirt wurde zu drei Jahren Zuchthaus verurteilt.

(...) betrieb am 13.10.1954 im Gasthaus Hetze, indem er sagte: „Was; die Kandidaten der Nationalen Front soll ich wählen. Das sind Lumpen und Verbrecher, die sollen sich erst einmal vorstellen, ehe ich wähle.“ Weiterhin sagte er, dass der Kandidat K. aus Hitschendorf ein 3 Zentner Schwein schwarz geschlachtet hat.
In einer Bauernversammlung 1953 provozierte er die anwesenden Staatsfunktionäre, indem er sagte, dass die Bauern Steuern zahlen müssten, damit die Staatsfunktionäre ihre Gehälter und Prämien bekommen.
Wegen Verbrechen nach Artikel 6 der Verfassung der DDR und KD 38 wurde er zu 3 Jahren Zuchthaus verurteilt.

Strafmeldung, BStU, MfS, ZA, Allg. S, Nr. 433/62, Bl. 233f

41. Bericht über Zusammenarbeit einer Staatsanwältin mit Polizei und MfS

Die politische Strafrechtspraxis war vorrangig auf die Bezirksebene konzentriert, doch auch an den Kreisgerichten liefen einzelne Verfahren und vor allem auch die Strafmaßnahmen im Zusammenhang mit Grenzübertritten. Die örtliche Intensität diesbezüglicher Tätigkeit erfolgte ebenfalls (wie auf Bezirksebene) im Wechselspiel Polizei – Stasi – Staatsanwalt – Gericht. Im Folgenden beschreibt die Arnstädter Kreisstaatsanwältin die Situation vor Ort.

Es läuft zur Zeit ein Verfahren wegen Verherrlichung des Militarismus und Hetze gegen den demokratischen Staat und seine Funktionäre. Diese strafbaren Handlungen wurden in betrunkenem Zustand begangen. Aus diesem Grunde wurde der Vorgang vom Staatsanwalt des Bezirkes nach hier zurückgegeben mit der Weisung, nach § 330 STGB anzuklagen.

In der Zwischenzeit wurde die Anklage gefertigt. Eine Durchschrift wurde an die Abteilung I übersandt.
Die Republikflucht ist fast zur Hälfte zurückgegangen. Es sind mehr Zuwanderer zu verzeichnen. Trotzdem macht sich immer noch eine Abwanderung der Intelligenz bemerkbar Es ist jedoch noch nicht gelungen, konkretes Material und Beweise zu erbringen.
Die Genossen der Staatssicherheit lassen sich sehr selten bei mir sehen. Von mir aus werden Hinweise, die sich aus meiner praktischen Arbeit ergeben, weitergeleitet.
Mit der Abteilung K wurde eine eingehende Besprechung durchgeführt und Hinweise für die Untersuchung von Körperverletzungen nach politischen Motiven gegeben. Trotz eingehender gemeinsamer Beratungen konnten politische Gründe bisher noch nicht nachgewiesen werden.

Monatsbericht Februar, Staatsanwältin Koch, Arnstadt, an Abt. I der Bezirksstaatsanwaltschaft, o.D., ThHStA Weimar, Staatsanwalt des Bezirkes Erfurt, Nr. 39, Bl. 1

42. MfS-Strafmeldung über Wahlkritiker

Ein weiterer klarer Fall von „Boykotthetze". Hier zeigt sich, dass sich Bürger oft nur noch mit „angetrunkenem Mut" getrauten, ihre Meinung zu sagen. Der Rentner erhielt eine fünfjährige Zuchthausstrafe.

[...] In Zusammenkünften mit anderen Personen betrieb er besonders seit 1951 in Unterbreizbach im Gasthaus und bei sich in der Wohnung Boykotthetze gegen die DDR, wobei er in allen Fällen vordem Alkohol zu sich genommen hatte.
Besonders den Zeugen gegenüber verherrlichte er die Verhältnisse in Westdeutschland und verleumdete die Entwicklung in der DDR.
Im Einzelnen hetzte er, dass in Westdeutschland auch gegen Adenauer geschrieben werden könnte, während man in der DDR

eingesperrt wird, falls man sich irgendwie gegen die Regierung äußern würde. Er stellte den Arbeiter- und Bauernstaat der DDR dem Bonner Marionettenstaat gleich, indem er angab, auch Ulbricht würde seine Instruktionen in Moskau holen und verbreitete ständig westliche Hetzkommentare von Rundfunkstationen, die er stets abhörte.
Desweiteren äußerte er, der Meinung des jetzt republikflüchtigen Wintershall-Direktors zu sein, der verlangte, dass alle, die nach 1945 Leute anzeigten, an den Galgen müssten, den Funktionären der SED die Staatsangehörigkeit abzuerkennen ist, die einfachen Parteimitglieder umzuerziehen und diejenigen zu belohnen sind, die die Ideen des Nazismus vertreten.
Außerdem hetzte er gegen die Volkswahlen von 1954, die er als nicht freie und undemokratische Wahlen bezeichnete.
Er wurde wegen Verbrechen nach Artikel 6 der Verfassung der DDR in Verbindung mit KD 38 verurteilt.

Strafmeldung, BStU, MfS, ZA, Allg. S, Nr. 434/62 Bd. 2, Bl. 8f

43. MfS-Strafmeldung über denunzierte „Hetzerin"

Eine weitere Strafmeldung mit den Hintergründen über eine politisch Verurteilte aus dem Stasi-Aktenfundus. Generell gilt natürlich für alle gleichartigen Dokumente, dass sie auch die „Fakten" allein aus Justizperspektive darstellen – insofern sagen derartige Quellen immer mehr über das Rechtsverständnis der Mitverantwortlichen als über die betroffenen Verfolgten.

geboren 1921 [...]
letzte Tätigkeit: Arbeiterin
Parteizugehörigkeit vor 1945 und nach 1945: keine
festgenommen am: 17.3.55
Delikt: Boykotthetze

verurteilt am: 15.6.55 *durch:* Bezirksgericht Suhl
Strafmaß: 1 Jahr und 9 Monate Zuchthaus
Strafbeginn: 15.6.55 *Strafende:* 14.12.1956

[...] Im Frühjahr 1954 wurde ihr Mann wegen Boykotthetze verhaftet und bestraft. Seit Juli 1954 arbeitet sie dann wieder in der TKF in Zella-Mehlis. Vor 1945 war sie nicht politisch organisiert, nach 1945 nur im FDGB.
Anfang März 1955 machte die Beschuldigte in einem Gespräch mit einer Arbeitskollegin an ihrem Arbeitsplatz ausfällige Äußerungen über den verstorbenen Arbeiterführer J.W. Stalin, indem sie zum Ausdruck brachte, dass er zwei Frauen gehabt habe, die er nach Sibirien verbannt habe, ebenfalls einen Sohn von ihm, der während des Krieges in deutsche Gefangenschaft geraten sei. Stalin sei ein Straßenräuber.
Im Winter 1955 hat sie hetzerische Äußerungen gegen die Justiz der DDR gemacht. Sie hat den Funktionären der Justiz, die das Verfahren gegen ihren Mann geführt haben, körperliche Misshandlungen angedroht. Sie wollte nach der Entlassung ihres Mannes nach Westdeutschland gehen und [gegen] die Kommunisten hetzen, damit diese keine Ruhe finden.
Weiterhin hat sie an ihrem Arbeitsplatz wiederholt gehetzt und Verleumdungen gegen die sowjetischen Soldaten gemacht, indem sie behauptete, dass diese deutsche Personen, insbesondere Frauen misshandelt haben.
Im Oktober hat die Beschuldigte über die Volkswahl gehetzt. Die Wahl würde praktisch gar keine Wahl darstellen, weil die Kandidatenlisten schon fertig wären und die Abgeordneten von vornherein festständen. Die Angeklagte gab nur die Äußerungen über Stalin und die Misshandlungen deutscher Personen (Frauen) durch sowjetische Soldaten zu, die anderen hetzerischen Äußerungen bestreitet sie.

Strafmeldung, BStU, MfS, ZA, Allg. S, Nr. 431/62, Bl. 234f

44. MfS-Strafmeldung zur Neuverurteilung eines abtrünnigen Altkommunisten

Strafmeldung über einen politisch Verurteilten, der bereits wegen seiner Kritik an den Nazis langjährig politisch inhaftiert gewesen war, in der amerikanischen McCarthy-Ära ins Lager gesteckt wurde und nun wegen seiner SED-kritischen Erfahrungen eine neue „sozialistische Bewegung" aufbauen wollte. Ob es tatsächlich zur Strafaussetzung kam, ist unbekannt.

geboren 1908 [...]
letzte Tätigkeit: Landwirt
Parteizugehörigkeit vor 1945: KPD *nach 1945:* SED
festgenommen am: 5.11.1954
Delikt: Boykotthetze
verurteilt am: 1.3.1955 *durch:* Bezirksgericht Suhl
Strafmaß: 3 Jahre Zuchthaus
Strafbeginn: 1.3.55 *Strafende:* 5.11.1957

[...] ist 1930 der KPD beigetreten. Er wurde 1937 in Kiel wegen Vorbereitung zum Hochverrat von der Gestapo verhaftet. 1938 wurde er in das KZ Buchenwald eingeliefert. Am 26.6.1944 wurde er aus dem KZ Buchenwald entlassen, und als Soldat eingekleidet. Er kam zu einer 8-wöchigen Ausbildung nach Norwegen und wurde dann in Luxemburg eingesetzt. Er ging freiwillig in amerikanische Gefangenschaft und kam nach England, später in die USA. Im Lager Camp Forest, Staate Tenesee, wurde er wegen „kommunistischer Propaganda" im Juni 1945 in das Straflager Jachson, im Staate Tenesee, verschickt. Nach weiteren Lagern in Amerika kam er nach England und wurde im Mai 1946 entlassen.
Er kam in die damalige sowjetische Besatzungszone und ging nach Erfurt. Er wurde Mitglied der SED und meldete sich zu einem Lehrgang als Geschichtslehrer. Der Lehrgang wurde abgebrochen und X. meldete sich zur VP. Er besuchte die Kreisparteischule der SED in Gera und im Anschluss die Landespar-

teischule Bad Berka. Er verließ die VP und wurde Referent für Landwirtschaft bei der SED Landesleitung. Er kam dann zur Kreisleitung der SED Bad Salzungen als Referent für Landwirtschaft. Im Herbst 1951 übernahm er in Rippershausen die Landwirtschaft seiner Frau.
Auf Grund einer Rüge, die er von der SED-Kreisleitung bekam, weil er, ohne der Partei Meldung zu machen, nach Westberlin gefahren war, traten er und seine Frau aus der Partei aus.
Er hetzte ab Anfang 1954 gegen Partei und Staatsfunktionäre, sowie gegen die Oder-Neiße-Friedensgrenze. Er verfasste selbst Hetzschriften und wollte eine eigene Partei gründen, die er „Bund der Heimattreuen Sozialisten" nennen wollte. Für diese Partei hatte er das Programm ausgearbeitet.
Außerdem hetzte er gegen die Volkswahlen 1954 und bezeichnete sie als keine „Freien Wahlen". X. war RIAS-Hörer.
Er wurde wegen Verbrechen nach Artikel 6 der Verfassung der DDR in Verbindung mit der KD 38 zu 3 Jahren Zuchthaus verurteilt.
Bemerkung: X. hat die Entwicklung in der DDR nicht begriffen. Um persönlicher Vorteile willen (Streichung der VVN-Rente) wurde er zum Opportunisten. Keine Lehren aus der Zeit des Faschismus gezogen. RIAS-Beeinflussung machte sich bemerkbar. Strafaussetzung wäre angebracht.

Strafmeldung, BStU, MfS, ZA, Allg. S, Nr. 434/62, Bl. 68f

45. MfS-Strafmeldung über einen LPG-Kritiker mit NS-Argumenten

Nicht untypisch für das Jahrzehnt nach dem Krieg war das Nachwirken diverser Facetten nationalsozialistischer Propaganda, die sich dann vermischte mit gegenwärtiger SED-Kritik. Der Anteil derartiger „Hetzefälle" lag jedoch unter 10-15 Prozent. Letztlich war alle NS-geprägte Kritik sogar dem „antifa-

schistischen" SED-Mythos nützlich. Die Hauptphase der „vollständigen Kollektivierung der Landwirtschaft" lag zwar nach 1959, doch bereits in früheren Jahren war es „Funktion" der Justiz, Landwirtschaftliche Produktionsgenossenschaften unter allen Umständen zu verteidigen.

letzte Tätigkeit: selbständiger Landwirt
Parteizugehörigkeit vor 1945: keine *nach 1945:* keine
festgenommen am: 3.4.1955
Delikt: Boykotthetze
verurteilt am: 14.6.1955 *durch:* Bezirksgericht Suhl
Strafmaß: 2 Jahre Zuchthaus
Strafbeginn: 22.6.55 *Strafende:* 2.4.1957

[...] Während der Nazizeit war er Mitglied des NSV, des NS-Fliegerkorps und der DAF, 1952 wurde er Mitglied der VdgB/ BHG. Im Februar 1953 fand in Kaltensundheim eine Schulung der VdgB/BHG *[= Vereinigung der gegenseitigen Bauernhilfe/Bäuerliche Handelsgenossenschaft]* statt, in deren Diskussion der Beschuldigte hetzerische Äußerungen gegenüber der LPG machte. Weiterhin verbreitete er nazistische Ideologien vom Volk ohne Raum und unwahre Angaben über Erträge in der sowjetischen Landwirtschaft. Die Tierhäute, welche abgegeben werden mussten, würden nur für die Besatzungsmacht verwendet. Die LPG seien der Untergang der deutschen Bauern.
Ständig war er bemüht, das Adenauer-Regime zu verherrlichen und auf die Regierung der DDR zu hetzen. Er behauptete, die DDR habe Kriegsabsichten. Er habe, wie er sagte, einen Eid auf Hitler geschworen und fühlt sich nach wie vor verpflichtet.
In Triptis hat er bereits 1951 die gleiche Ansicht vertreten, als er zur Beteiligung an der Volksbefragung aufgerufen wurde. Er stellte die Ausbeutung der kolonialen Völker als gerecht dar.
Im Frühjahr 1953, als zur Unterschriftensammlung gegen eine Bestrafung des Ehepaares *[Rosenberg]* aufgerufen wurde, lehnte er eine solche ab und behauptete, dass diese zu Recht bestraft würden.
Seinen Kindern verbot er, an Staatsfeierlichkeiten teilzunehmen und der Pionierorganisation beizutreten. Die Regierung

sei schuld, dass sich seine Frau und Kinder von ihm entfremden.
Im Februar 1955 verweigerte er die Unterschrift gegen die Massenvernichtungsmittel und die Pariser Verträge. Er äußerte, dass während der Bombenabwürfe im Krieg auch keine Unterschriften gesammelt worden seien.
Er wurde wegen Verbrechen nach Artikel 6 der Verfassung der DDR und KD 38 zu 2 Jahren und 7 Monaten verurteilt.

Strafmeldung, BStU, MfS, ZA AS 434/62, Bl. 7f

46. Bericht der Erfurter Polit-Staatsanwälte über Suche nach Saboteuren

Die möglichst intensive, erzieherische Ausnutzung der Strafvorwürfe „Schädlingstätigkeit“ und „Sabotage“ (von den Sowjets eingeführte Begriffe) sollte über die Ursachen der Mängel der SED-Wirtschaftspolitik hinwegtäuschen. Der Nachweis zerstörerischer Beschuldigtenmotive gelang den Juristen allerdings nur selten und ist auch laut folgendem Bericht der Erfurter Polit-Staatsanwaltschaft nicht eindeutig erfolgt.

Es gelingt jedoch nur in seltenen Fällen Sabotageakte aufzuklären.
Im Kaliwerk „Glückauf“ Sondershausen konnte jetzt der H., der für den technischen Ablauf im Revier III der Gruppe V verantwortlich war, überführt werden, da er entgegen den bestehenden Vorschriften Materialtransporte durchführte. Ein Materialwagen mit Gusseisenteilen beladen wurde daher in die Salzmühle gefahren und der Inhalt in diese geschüttet. Die Mehlmenge wurde dadurch zerstört und die Produktion erheblich gestört. Wenige Tage später hat der Beschuldigte in gleicher Weise gehandelt, um auch die 2. Mühle zu vernichten. Dies konnte jedoch rechtzeitig verhindert werden. Wenn die 2. Mühle zerstört worden wäre, wäre die gesamte Produktion des Kaliwerkes zum Stillstand gekommen. Die Ermittlungen werden vom SfS geführt.

Im Verlaufe des Monats Juli wurde bekannt, dass von 1000 Mähdrescher, die das Mähdrescherwerk Weimar in der letzten Zeit produziert hatte, 400 nicht einsatzfähig waren. Diese sind auf der Fahrt nach ihrem Bestimmungs- bezw. Einsatzort zusammengebrochen. Als Ursache konnte festgestellt werden, dass die verwendeten Kugellager den Belastungen nicht standgehalten haben. Die Kugellager wurden von einer westdeutschen Kugellagerfabrik durch einen volkseigenen Zubringerbetrieb in Glauchau bezogen. Dieser hat die Kugellager in Fahrgestelle eingebaut und an das Mähdrescherwerk geliefert.
Nach meiner Kenntnis wurde gegen die Verantwortlichen des volkseigenen Zubringerbetriebes in Glauchau ein Ermittlungsverfahren eingeleitet.

Monatsbericht Juli 1955 der Abteilung I der Bezirksstaatsanwaltschaft Erfurt (Auszug), Staatsanwalt Kranz, o.D., ThHStA Weimar, Staatsanwaltschaft des Bezirkes Erfurt, Abteilung I, Nr. 38, Bd. 1, Bl. 434

47. MfS-Strafmeldung über 54 Strafmonate wegen Kreidelosungen im Kalischacht

geboren 1934 [...]
letzte Tätigkeit: Bergmann
Parteizugehörigkeit vor 1945 und nach 1945: keine
festgenommen am: 24.3.55
Delikt: Boykotthetze
verurteilt am: 12.7.55 *durch:* Bezirksgericht Suhl
Strafmaß: 4 Jahre und 6 Monate Zuchthaus
Strafbeginn: 20.7.55 *Strafende:* 1.10.1959

[...] Im September oder Oktober 1954 kehrte er in die DDR zurück. Er bekam Arbeit im Kalikombinat „Ernst Thälmann" und wurde als Fördermann eingesetzt. Er war von 1943 bis 1945 Mitglied der „DJ". Von 1949 bis 1952 war er im FDGB und in der FDJ organisiert.

Seine Aufgabe als Fördermann bestand darin, die Förderwagen, die von dem Schrapper kamen, in das Seil der Seilbahn einzuhängen, damit sie bis zum Anschlag und dann weiter zum Schacht befördert werden konnten.
Am 17. oder 18.3.1955 bemalte er seinen Grubenhelm mit dem Zeichen „VSH“ *[= Volkssturm-Helfer]*. Dazu benutzte er Kreide. Der Mitangeklagte sah das und forderte ihn auf, statt „VSH“ „MP“ *[= Militär Polizei]* hinzuzufügen und dazu eine weiße Umrandung an den Grubenhelm anzubringen. Er handelte nach dem Vorschlag. Nachdem der Mitangeklagte von ihm die Kreide bekommen hatte, schrieb er eine Hetzlosung, die gegen unsere Ernährungslage gerichtet war, an einen Förderwagen. Er will diese Losung aber wieder weggewischt haben. Später schrieb dann er ebenfalls eine Losung an den Förderwagen, die sich gegen führende Staatsmänner richtete, und die die demokratische Ordnung in der DDR angriff. Er brachte noch weitere Losungen an, die sich gegen die Ordnung in der DDR richteten.
Bei ihm wurden außerdem noch Sprengmittel und Zündmittel gefunden, die er im VEB Kalikombinat „Ernst Thälmann“ gestohlen hatte.

Strafmeldung, BStU, MfS, ZA, Allg. S, Nr. 433/62, Bl. 95f

48. Kreisstaatsanwalt Weimar berichtet vom Umfeld des Benkowitz-Todesurteils

Das Oberste Gericht hatte den Todes-Schauprozess gegen Weimarer Intellektuelle selbst durchgeführt, der Fall ist mehrfach veröffentlicht. Der Weimarer Kreisstaatsanwalt berichtet hier Vorgesetzten von seinen flankierenden Aktivitäten vor Ort. Einzelne Vertreter der in Westberlin ansässigen „Kampfgruppe gegen Unmenschlichkeit“ förderten zwar durchaus Zerstörungen und Störungen auf DDR-Gebiet, andere und augenscheinlich auch die Weimarer Lehrer verstanden die Kampfgruppe als Forum zum Registrieren und öffentlichem Anprangern von Unrecht.

Im II. Quartal 1955 wurden im Stadtkreis Weimar zwei Haupttäter, die Verbrecher Benkowitz und Kogel, als Agenten der Westberliner Verbrecherorganisation „Kampfgruppe gegen die Unmenschlichkeit" [vom] SfS *[= Staatssekretariat für Staatssicherheit]* festgenommen, die als Volksfeinde vor dem Obersten Gericht der DDR sich in den letzten Tagen des Berichtsmonats zu verantworten hatten und wegen ihrer Spionage-, Sabotage- und Schädlingstätigkeit mit der Todesstrafe bestraft wurden.
Diese beiden Verbrecher waren bis zu ihrer Festnahme als Lehrer, so z. B. Benkowitz als stellvertretender Direktor der Pestalozzischule und Kogel als Mitarbeiter der Abteilung Volksbildung beim Rat der Stadt Weimar, tätig.
Nach einer Mitteilung des stellvertretenden Ratsvorsitzenden, Gen. Schenk, sollen kurz vor der Inhaftierung dieser beiden schändlichen Verbrecher während der Osterferien noch mehrere Lehrer aus Weimar republikflüchtig geworden sein. Es wird daher vermutet, dass die Flüchtigen mit den verbrecherischen Elementen in Beziehung gestanden haben.
Da Weimar mit der Verurteilung dieser zwei Banditen vor dem Obersten Gericht einen Schwerpunkt darstellt, wird vorgeschlagen, diesen Prozess vor den Erziehern des Kreises und in den örtlichen VE-Betrieben auszuwerten.
Die Lehrer und Erzieher des Pädagogischen Rates des Pestalozzischule und der Oberschule „Theo Neubauer" in Weimar verurteilten in einer Entschließung an den Ministerrat aufs Schärfste das schändliche Treiben dieser Agenten und forderten strenge Bestrafung.

Monatsbericht Februar, Staatsanwalt Chlupka, Weimar-Stadt, an Abt. I der Bezirksstaatsanwaltschaft (Auszug), 4.7.1955, ThHStA Weimar, Staatsanwalt des Bezirkes Erfurt, Nr. 39, Bl. 82

49. Bericht eines SED-Funktionärs über das politische Strafrecht

In noch existierenden SED-Akten gibt es (zumindest für Erfurt) nur wenige Dokumente über den örtlichen SED-Einfluss auf die Justiz. Diesen Bericht verfasste der Weimarer SED-Kreisfunktionär Löwning über die Arbeit des Kreisgerichts im Jahre 1955.

Die Arbeit in der Strafabteilung
Die Vorsitzenden der beiden Strafkammern sind die Kollegen Hartrampf und Kroker, die beide unserer Partei angehören.
Zu den Urteilen in Strafsachen ist im allgemeinen zu sagen, dass diese in der Urteilsbegründung noch sehr formal gehalten sind. So wird gerade bei Eigentumsdelikten häufig in der Urteilsfassung nicht gesagt, gegen welches Eigentum sich die Handlung des Angeklagten richtet. Darüber hinaus mangelt es häufig an der Herausarbeitung des Objekts, was aber eine Voraussetzung dafür ist, den Klassencharakter des Verbrechens aufzuzeigen. So beschränkt man sich in der Urteilsbegründung häufig nur auf die Feststellung zur Person des Angeklagten.
Die Feststellung des Sachverhalts und die rechtliche Subsumption/Summierung dieses Sachverhalts, ohne die verbrecherischen Handlungen des Angeklagten in genügendem Maße in seiner Beziehung zur Gesellschaft darzustellen. Solche Urteile haben nicht den notwendigen erzieherischen Wert und entsprechen nicht den Interessen unserer Werktätigen, da es in unserem Staat nicht wie im bürgerlichen Staat notwendig ist, den Klassencharakter des Staates und des Rechtes zu verbergen.
[...]
Die von unseren Gerichten ausgesprochenen Strafen für begangene Verbrechen haben Erziehungsfunktion in erster Linie. Sie richten sich gegen Menschen, die aus ihrem zurückgebliebenen Bewusstsein heraus das Verbrechen begangen haben. Zum anderen haben sie Unterdrückungsfunktion gegen Feinde unserer Ordnung, die aus Feindschaft zu unserem Staat ein Verbrechen begangen haben. Bei Ausspruch der Strafe muss dies in den Urteilsgründen klar zum Ausdruck gebracht werden.

Der Begriff „Unrechtsgehalt der Tat“ ist mit unserer Strafrechtswissenschaft nicht in Einklang zu bringen. Und ist der typische Ausdruck für die Verschleierung des Klassencharakters des bürgerlichen Rechts. Von diesem Begriff wird sich kein werktätiger Mensch eine Vorstellung machen können.
Die Differenzierung wird im allgemeinen richtig vorgenommen, in der weitaus überwiegenden Mehrzahl stimmen Antrag des Staatsanwaltes und Urteilsausspruch überein, doch kommt dies wie auch die strenge Parteilichkeit entsprechend unseren Werktätigen nicht in genügendem Maße in den Urteilsgründen zum Ausdruck.

Bericht des Abteilungsleiters Staatliche Organe, Löwning, über die Arbeit des Kreisgerichtes Weimar-Stadt (Auszug), o.D., ThHStA Weimar, SED, Bezirksparteiarchiv, SED-Kreisleitung Weimar-Stadt, Nr. IV/4.12/1–217, Bl. 19f

50. Arnstädter Staatsanwältin berichtet vom Strafverfahren zu Thälmann-Gerüchten

Das weitere Schicksal dieses auf Kreisebene inhaftierten Kritikers ist nicht bekannt, in weiteren Monatsberichten wird der Fall nicht erwähnt. Im Falle der Bestrafung wäre er zu Stasi und Justiz auf Bezirksebene gebracht worden.

Am 24.9.55 wurde der Gastwirt der Gaststätte „Zum weissen Ross“ in Arnstadt […] wegen antidemokratischer Äußerungen in Haft genommen.
Er hat am Abend des 23.9. in angetrunkenem Zustand in seiner Gaststätte Angehörigen der KVP [= *Kasernierte Volkspolizei, Armee-Vorläufer*] gegenüber geäußert, dass die KVP-Angehörigen nur Faulenzer wären, die nichts weiter als mausen könnten. Sie dürften auch nur eine Mark am Tage verdienen, so wie er bei Kaisers Zeiten. Damals wären es noch Deutsche gewesen. Heute wären sie alle Russenknechte.
Auch wäre es eine Lüge, dass Ernst Thälmann ermordet worden wäre. Er hätte mit seiner Frau zusammen in Buchenwald ein

Haus bewohnt und wäre dabei durch Bombenangriffe ums Leben gekommen. Der zweite Teil des Thälmann-Films müsse verbrannt werden, weil alles Schwindel sei.
Auch beklagte er sich darüber, dass ihm unser Staat die Waffen abgenommen habe
Der Beschuldigte wollte sich bei seiner Verhaftung auf nichts besinnen können. Er gibt aber zu, 5 Jagdgewehre besessen zu haben. Infolgedessen weiß er auch, dass er sich über die angezeigten Einzelheiten unterhalten hat, versucht jedoch jetzt, seinen Worten einen anderen Sinn zu geben.
Bezeichnend bei der Sache ist, dass die Gaststätte „Zum weissen Ross" schon seit Jahren bekannt ist als Sammelpunkt für ehemalige Faschisten. Ich erinnere nur an den Prozess [...], der Anfang des Jahres nach § 330 a durchgeführt wurde.
Weitere Ermittlungen laufen noch. Ich werde weiter berichten.

Monatsbericht September, Staatsanwältin Koch, Arnstadt, an Abt. I der Bezirksstaatsanwaltschaft, 29. 9. 1955, ThHStA Weimar, Staatsanwalt des Bezirkes Erfurt, Nr. 39,Bl. 136

51. Staatsanwalt-Bericht über justizkritische Hetzlosungen

Der Nordhäuser Kreisstaatsanwalt berichtet hier über Reaktionen auf vorangegangene Strafurteile unter Mitarbeitern des gleichen Betriebes, bei denen vermutlich – wie allgemein üblich – die Strafverfahren polit-erzieherisch „ausgewertet" worden waren. Typisch ist auch die hier aufgetretene anonyme Protestform, die im Laufe der ersten DDR-Jahre und infolge der Strafpolitik prozentual immer häufiger wurde als die offene kritische Äußerung.

Im Klara Zetkin Werk II Langensalza wurde im Berichtsmonat eine Hetzlosung angebracht. Sie lautet:

> „Euch H. auch S., ihr macht einen großen Krach um eine Politik, die doch nicht viel nützt. Wir wollen zum Westen,

dort geht es uns am besten. Dort kriegen wir Margarine und Schokolade. Wir wollen keine SED, die bloß harmlose Menschen einsperren lässt. L., K. und N. haben schon Recht getan. Kollegen helft mit bei der Vernichtung des Kommunismus, den wir nicht wollen."

Bei den genannten Personen H. und S. handelt es sich um den Parteisekretär und BGL *[= Betriebs-Gewerkschafts-Funktionär]*, bei den anderen Namen handelt es sich um die Personen, welche vor kurzer Zeit vom Bezirksgericht Erfurt zu 7 und 9 Jahren Zuchthaus wegen Sabotage in dem VEB Klara Zetkin Werk II Langensalza verurteilt worden waren.

Ein Ermittlungsverfahren nach Artikel 6 der Verfassung wurde eingeleitet.

Monatsbericht November, Staatsanwalt Hein, Bad Langensalza, an Abt. I der Bezirksstaatsanwaltschaft, 2. 12. 1955, ThHStA Weimar, Staatsanwalt des Bezirkes Erfurt, Nr. 39, Bl. 184

52. SED-Funktionär analysiert politische „Schwächen" der Strafjustiz

Regionale SED-Funktionäre analysierten üblicherweise die Strafrechtspraxis hinsichtlich ihrer politischen Rolle. Die Sicherheits-Abteilung auf Bezirksebene befasste sich auch mit der Stasi und der Polizei. Die politstrafrechtlich tätigen Richter und Staatsanwälte waren zu dieser Zeit bereits selbst alle SED-Mitglieder und in Parteigruppen organisiert. Druck von Parteiseite konnte dienstrechtliche Konsequenzen haben.

[...] Neben all diesen Erfolgen müssen die Genossen in der Justiz aber auf eine Reihe Schwächen hingewiesen werden.

Worin bestehen diese Schwächen?

1. In der gesamten Wirksamkeit der Justiz ist die prinzipielle Auseinandersetzung mit den reaktionären bürgerlichen Auffassungen vom Staat – die Grundlagen der Demokratie, Freiheit, freie Wahl, dass die DDR der rechtmäßige deutsche Staat ist,

dass es somit kein einheitliches deutsches Recht geben kann – viel zu schwach.
Die Darstellung der staatlichen Entwicklung in der DDR in der Rechtsprechung wie auch in den Justizaussprachen, ohne nicht zugleich die Rechtlosigkeit in Westdeutschland zu entlarven, genügt nicht mehr.
Das gebieten auch solche Tatsachen, dass die Staatsverbrechen im 1. Halbjahr 1955 gegenüber dem 2. Halbjahr 1954 um 19,5 % zugenommen haben; oder wie der Rechtsanwalt R. in Weimar im Prozess die Forderung erhebt, „man sollte auch Gesetze von Westdeutschland anwenden, weil die Koexistenz das zuließe".
Es kommt auch noch oft vor, dass Haftbefehl in Staatsverbrechen zu geben abgelehnt wird in Fällen, wo z. B. Volkspolizisten niedergeschlagen wurden, weil angeblich kein Fluchtverdacht vorliegt: (Gen. Kreisgerichtsdirektor in Weimar) oder dass noch oft bei offenbaren Staatsverbrechen vor Gericht „harmlose Schlägereien" und ähnliches begründet wird, anstatt zuerst die Frage des Schutzes und der Festigung unseres Staates zu sehen.

ThHStA Weimar, SED-Bezirksleitung Erfurt, Abteilung Sicherheit, B IV/2/1-8, Bl. 2

53. MfS-Strafmeldung zu Schädlingstätigkeit eines LPG-Vorsitzenden

Eine weitere Strafmeldung über ein politisches Sabotage-Strafverfahren, bei dem sich Misswirtschaft und kritische Haltung paaren. Auch dieser Fall kann nicht ohne das „Herbeirufen" der Justiz durch Leute aus dem Lebensumfeld des Beschuldigten zustande gekommen sein.

geboren 1931 [...]
letzte Tätigkeit: Vorsitzender der LPG [...]
Parteizugehörigkeit vor 1945: keine *nach 1945:* SED
letzte Parteifunktion: durch Parteiauftrag Vorsitzender der LPG
festgenommen am: 8.9.55
Delikt: Schädlingstätigkeit
verurteilt am: 14.12.55 *durch:* Bezirksgericht Gera
Strafmaß: 4 Jahre Zuchthaus
Strafbeginn: 9.9.55 *Strafende:* 9.9.59

In seiner Eigenschaft als Vorsitzender der LPG O betrieb er Schädlings- und Zersetzungstätigkeit. Er stand dabei unter dem Einfluss des reaktionären Gastwirts, welcher in diesem Vorgang *[d.h. im selben Gerichtsverfahren]* zu 6 Jahren Zuchthaus verurteilt wurde. Er hörte ständig die Sendungen des Rias ab, welcher diese für die Landwirtschaft brachte, und befolgte dessen Instruktionen. Zur Tarnung seiner Verbrechen hat er sich als fortschrittlicher Mensch gebärdet.
Er verborgte ohne jegliche Entschädigung Geräte und Maschinen an reaktionären Einzelbauern.
Die Futtergrundlage hat er gröblichst vernachlässigt, indem er wertvolles Futter auf den Feldern stehen ließ.
Mitgliedern der LPG, die ihn auf seine Fehler aufmerksam machten, drohte er mit Ausschluss der LPG.
Er verleumdete die rote Fahne der Arbeiterbewegung und die SED:
Er ist der Verantwortliche dafür, dass der Wert der Arbeitseinheit in der LPG von 8,95 DM auf 0,05 DM gesunken ist.

BStU, MfS, ZA, AS 433/62, Bl. 252

54. „Kleine Hetzer" laut Jahresbericht des Sömmerdaer Kreisstaatsanwalts

Trotz scharfer „Hetze"-Strafurteile in den Vorjahren kam die SED-verordnete Zensur noch nicht ausreichend zum Tragen. Die zentrale Justizpolitik erarbeitete „Vorgaben" für eine stärkere Abstufung und führte dabei auch den Begriff „kleine Hetze" ein, der aber weniger zur Lockerung der Repression als zu zahlreichen zusätzlichen „Schnellverfahren" mit kleineren Gefängnisstrafen führte. Die Kreisstaatsanwälte, die bislang vorrangig Strafen in Sachen Grenzübertretung anklagten, waren damit auch stärker in die politische Strafpraxis eingebunden.

Während die Hetztätigkeit im 1. Halbjahr 1955 nicht sonderlich in Erscheinung trat, veränderte sich dieses Bild jedoch wesentlich im 2. Halbjahr. Hier stiegen insbesondere die Verfahren gegen die sogenannten kleinen Hetzer wesentlich an.
Die Ursachen liegen dabei in der verstärkten Hetztätigkeit des Gegners, als es galt die Ernte einzubringen. Dabei wurde die ungünstige Situation hinsichtlich des Fehlens von Margarine, Öl und Schlachtfetten, als aber auch der Fleisch- und Fleischwaren ausgenutzt. Diese kleine Hetztätigkeit hielt auch bis zum Ausgang des Jahres noch an und ließ nur merklich wenig nach.
Vielfach traten solche kleinen Hetzer unter Einfluss von Alkohol auf und arteten nach Einschreiten der Volkspolizei in Beleidigungen und Beschimpfungen der Deutschen Volkspolizei, aber auch anderer Staatsorgane aus.
Einige charakteristische Beispiele hierfür sind:

a) Die Hetzreden des F., eines Betriebsangehörigen des VEB Rheinmetall, der anlässlich einer Betriebsfeier im Kurhaus Rastenberg sich unter Alkohol setzte und darauf an seinem Tisch „im vertrauten Kreise" zu hetzen anfing. Später, als durch die Wachsamkeit der Kollegen die VP. herangeholt wurde, schimpfte er in übelster Art mit viel Stimmaufwand gegen die Volkspolizei und die Staatsmacht in der DDR.

F. war, wie festgestellt wurde, ein eingefleischter Faschist, der von sich selbst behauptete, dass er mit der Naziideologie noch nicht gebrochen habe und zu diesem Zweck auch faschistische Ausweise mit sich führte, die er im Kurhaus vorwies.

1 Jahr und 3 Monate Gefängnis war in diesem Falle die gerechte Strafe für ihn.

b) Die Abwerbungsversuche gegenüber einem jungen Mädchen des E., der sich, darauf zur Rede gestellt, gegen die Deutsche Volkspolizei und die Staatsmacht in der DDR allgemein ausließ.

Auch er erhielt ein Jahr Gefängnis.

c) Auch B. versuchte die Angehörigen der Deutschen Volkspolizei im angefüllten Wartesaal herauszufordern, indem er bei einer Bahnhofskontrolle, die Ausweisung seiner Person gegenüber der Streife der Volkspolizei in verächtlicher Form ablehnte und dabei auf die Deutsche Volkspolizei im Allgemeinen und auf die beiden Angehörigen der VP.-Streife im Besonderen schimpfte.

Auch hier erkannte das Gericht auf 10 Monate Gefängnis.

Jahresbericht 1955, Staatsanwalt Schröder, Sömmerda, an Abt. I der Bezirksstaatsanwaltschaft, 6. 1. 1956, ThHStA Weimar, Staatsanwalt des Bezirkes Erfurt, Nr. 39, Bl. 223

55. „Hetze von der Kanzel" laut Jahresbericht der Erfurter Polit-Staatsanwälte

Das Wirken der Ortspfarrer beider Konfessionen war den SED-Verantwortlichen immer wieder ein Dorn im Auge. Dennoch waren für sie Hetze-Verurteilungen von Pfarrern nicht so einfach zu bewerkstelligen, wie z. B. die von kritischen Gläubigen. 1952/53 hatte es einen SED-Kirchenkampf gegeben, der auch mit anderen, nicht-strafrechtlichen Repressionen einhergegangen war.

Im Zusammenhang mit der Hetztätigkeit ist das Wirken der Pfarrer besonders hervorgetreten, die durch ihre Tätigkeit und in kirchlichen Predigten selbst Hetze trieben und einen erheblichen Teil unserer Bürger negativ beeinflussen und damit zur Hetze gegen unseren Arbeiter- und Bauernstaat verleiten. Sie versuchen unter allen Umständen, soviel als möglich Jugendliche von der Jugendweihe abzuhalten, wobei sie nicht vor den Mitteln der Drohung (Entzug der kirchlichen Sakramente usw.) zurückschrecken. Von ihnen werden alle nur erdenklichen Möglichkeiten ausgeschöpft, die Maßnahmen unseres Staates zu hintertreiben. So nutzten sie z. B. die diesjährige Schlechtwetterperiode während der Ernte aus und predigten von der Kanzel, dass es sich hier um eine „Strafe Gottes" handelt und ihre Pfarrkinder sollten statt Sonntags die Ernte einzubringen, in die Kirche kommen. Diese Argumente, die von Pfarrern im Kreis Mühlhausen gebracht wurden, nutzten feindliche Elemente sofort aus, indem sie auf einem Transparent des VEG *[= Volkseigenen Gutes]* Schönberg (Krs. Mühlhausen) schrieben: „Mit Gott und Sonnenschein bringen wir die Ernte rein". Auch in der Frage der zurückgekehrten Kriegsverurteilten beteiligte sich die Kirche an der Hetze, indem die Pfarrer von der Kanzel herunter erklärten, dass es sich bei den Verurteilten um „Märtyrer" handelt, die von den Christen unterstützt werden müssten

Jahresbericht 1955 der Abteilung I der Bezirksstaatsanwaltschaft Erfurt (Auszug), 9.1.1956, ThHStA Weimar, Staatsanwaltschaft des Bezirkes Erfurt, Abteilung I, Nr. 38, Bd. 1, Bl. 462

56. MfS-Strafmeldung zur Verurteilung eines Lehrers wegen „Hetze“

Kurzbericht über ein typisches Hetze-Strafverfahren gegen einen Ostthüringer Lehrer. Die Strafbegriff „Mordhetze“ bezog sich generell auf personenorientierte Kritik und war keineswegs beschränkt auf Handgreiflichkeiten mit Funktionären oder Staatsdienern.

geboren 1907 [...]
letzte Tätigkeit: Lehrer
Parteizugehörigkeit vor 1945: NSDAP *nach 1945:* keine
festgenommen am: 18.11.55
Delikt: Boykotthetze
verurteilt am: 17.2.56 *durch:* Bezirksgericht Gera
Strafmaß: 2 Jahre und 8 Monate Zuchthaus
Strafbeginn: 19.11.56 *Strafende:* 19.7.1958
Er betrieb seit dem Jahre 1945 bis zu seiner Verhaftung Mord- und Boykotthetze gegen die DDR und die SU.
Er hetzte in der Öffentlichkeit gegen die bestehenden Gesetze und Maßnahmen der Regierung der DDR sowie gegen die SED.
Er bezeichnete Funktionäre als Dummköpfe und sagte, dass selbige nicht fähig wären, einen Staat zu leiten.
Er verbreitete außerdem Gerüchte über die Partisanenbewegung in der Sowjetunion und Volkspolen.
Weiterhin machte er während eines Besuches in Westdeutschland gegenüber einer ihm unbekannten Person gewisse Angaben über Objekte der Sowjetarmee und Volkspolizei in Gera.

Strafmeldung, BStU, MfS, ZA AS 433/62, Bl. 121

57. Propagandistische Prozessauswertung für „Schulung" von Schöffen

Monatlich fanden politisch-ideologische „Schulungen" nicht nur für Richter und Staatsanwälte, sondern auch für die Schöffen statt. Die Erfurter Bezirks-Justizverwaltungsstelle gab dafür Themen und Inhalte vor.

Die Auswertung des Prozesses gegen die Spione und Saboteure H. und R. ist auch mit den Schöffen besonders vorzunehmen, damit sie in ihren Betrieben entsprechend agitieren können. Hierbei ist besonders auf die Erklärung des Präsidiums der Volkskammer (Neues Deutschland vom 9.2.) und die Stellungnahme des Präsidenten der Republik (ND vom 10.2.) einzugehen, aus denen ersichtlich ist, dass das Urteil gegen H. und R. der Schwere ihrer Verbrechen entspricht. Und die Erhaltung des Friedens strenge Maßnahmen gegen Agenten des aggressiven Nordatlantikpaktes erforderlich macht, dass aber die DDR aus ihrer Stärke heraus und um zur Milderung der Spannung beizutragen, durch den Präsidenten im Gnadenweg die Todesstrafe in lebenslängliches Zuchthaus umgewandelt hat.
Den bei Gericht tätigen Schöffen ist das in Heft Nr. 4 der „Neuen Justiz" abgedruckte Urteil zu lesen zu geben.

ThHStA Weimar, Bezirksgericht Erfurt, 0/311, Bl. 15

58. „Abwerbung" als Boykotthetze-Straftat laut Monatsbericht eines Staatsanwalts

Wie strafrechtlich willkürlich Polit-Staatsanwälte vorgingen, zeigt dieses Beispiel, wo die Abwerbung vermutlich höher als nach dem 1954er Passgesetz-Paragraf bestraft werden sollte und daher unter den Universal-Strafbestand „Boykott- oder

Mordhetze" nach DDR-Verfassungsartikel 6 gestellt wurde. Rudat blieb bis in die 80er-Jahre hinein ein wichtiger, aktiver Polit-Ankläger in Erfurt.

Ein Strafverfahren mit dem Tatbestand der Abwerbung nach Artikel 6 der Verfassung der Deutsche Demokratischen Republik ist im Monat Februar 1956 anhängig geworden.
Bei diesem Strafverfahren handelt es sich um den Lagerarbeiter K., der im Lager der Konsumgenossenschaft Weimar mehrere Arbeitskollegen zur Republikflucht zu überreden versuchte. So versuchte er den Arbeitskollegen A. S. klar zu machen, dass die Arbeiter in der DDR weniger verdienen als in Westdeutschland. Er versuchte diesem zu beweisen, dass man dort besser leben könnte als in der DDR. Als dieser Kollege die Republikflucht ablehnte, suchte K. diesen in seiner Wohnung auf und versuchte ihn hier wieder zum Verlassen der DDR zu bewegen. Als S. dies auch ablehnte, versuchte K. die Mutter des S. zu beeinflussen, damit sie ihren Sohn zur Republikflucht überreden sollte.
Neben diesem Abwerbungsversuch gebrauchte K. die Äußerung gegenüber anderen Kollegen des Betriebes: „Die Deutsche Demokratische Republik, der Konsum und der Aufbau könnten ihm am Arsche lecken. Hier bei uns geht alles bergunter und nicht bergauf. Die Arbeiter verdienen bei uns weniger als in Westdeutschland."
Nachdem K. vom Vorstand der Konsumgenossenschaft zur Rede gestellt wurde, brachte er gegenüber den Kollegen zum Ausdruck, dass er dem Kollegen, der seine Äußerungen dem Vorstand mitgeteilt hätte, mit einer Flasche den Schädel entzwei schlagen würde.
Gegen den Beschuldigten wurde am 23. 2. 1956 Haftbefehl erlassen. Die Ermittlungen sind noch nicht abgeschlossen.

Monatsbericht Februar, Staatsanwalt Rudat, Weimar-Stadt, an Abt. I der Bezirksstaatsanwaltschaft, 3. 3. 1956, ThHStA Weimar, Staatsanwalt des Bezirkes Erfurt, Nr. 39, Bl. 269

59. Problembericht eines Kreisstaatsanwaltes wegen Wiederfreilassung politisch Verurteilter

Langjährige Zuchthausstrafen gegen Kritiker und „Spione“ dienten nicht bloß dem justizpolitischen Abschreckungs- und Erziehungsauftrag, sondern „entfernten“ die Betreffenden auch aus dem Alltagsleben. Irgendwann mussten aber auch ungerechte, harte Zuchthausstrafen enden. Staatsanwalt Barth vom Land-Kreis Erfurt berichtete hier über einen Entlassenen, der in seinem alten Lebensumfeld immer noch Respekt genießt. In späteren Jahrzehnten trafen freigelassene „Politische“ in der Regel nicht wieder auf ihr altes wohlgesonnenes Umfeld.

Durch die Kreisleitung unserer Partei ist jetzt an mich die Bitte herangetragen worden, doch darauf hinzuwirken, dass die Abteilung I *[= Bezirksstaatsanwalt für politische Strafverfahren]* uns bei vorzeitigen Entlassungen und überhaupt Entlassung von Personen, die im Landkreis Staatsverbrechen begangen haben und deshalb abgeurteilt wurden, verständigt. Es hat sich im Falle eines Großbauern aus Schloßvippach sehr nachteilig ausgewirkt, dass die Entlassung unvorbereitet erfolgte. So konnten nicht rechtzeitig Maßnahmen getroffen werden, den Entlassenen anderweitig einzusetzen, weil ja sein Land inzwischen an die LPG übergeben worden war. Es entstand dadurch sofort eine ungute Stimmung im Ort und der Entlassene konnte seine Verbindungen zu negativen Elementen des Ortes wieder aufnehmen.
Es wäre also durchaus gut, wenn auch die Kreisleitung über solche Entlassungen informiert werden könnte (bei unseren wöchentlichen Lagebesprechungen), damit rechtzeitig die entsprechenden Maßnahmen eingeleitet werden könnten. Schließlich soll ja dann auch mit diesen Menschen gearbeitet werden, so dass von Anfang an verhindert werden muss, dass sie wieder ins alte Fahrwasser geraten. Bekanntlich arbeitet der Klassengegner gerade auf dem Lande sehr intensiv und würde solche Personen sofort wieder in seine Tätigkeit einbeziehen.

Monatsbericht April, Staatsanwalt Barth, Erfurt-Land, an Abt. I der Bezirksstaatsanwaltschaft, 3. 5. 1956, ThHStA Weimar, Staatsanwalt des Bezirkes Erfurt, Nr. 39, Bl. 295

60. Bericht über staatsanwaltliche „Instruktion" von Polizisten für „Hetze-Anzeigen"

Bis in die 60er-Jahre hinein war es die Polizei, die mehr „politische Straftäter" auffand als die Staatssicherheit, und die Ortspolizisten lieferten in kleinen Orten mehr Informationen als das frühe Stasi-Spitzelnetz. Das folgende Dokument bekräftigt die noch „ausbaubare" Rolle der Ortspolizisten für das Polit-Strafrecht und wirft auch ein Licht auf Ebenen der institutionellen Zusammenarbeit.

Die Instrukteurstätigkeit der Staatsanwälte der Abt. I war auch im vergangenen Monat darauf gerichtet, durch gemeinsame Besprechungen mit den Kreisstaatsanwälten, den Leitern der Volkspolizeikreisämter sowie den Leitern der Abteilung K und den AK 3-Sachbearbeitern die Arbeit der Abschnittsbevollmächtigten *[= Orts- und Wohngebietspolizisten]* zur Aufklärung der kleinen Hetze und Staatsverbrechen weiter zu aktivieren.
Diese Aussprachen führten dazu, dass die AK 3-Sachbearbeiter bei den Volkspolizeikreisämtern bereits im verstärkten Maße wieder zum Teil sehr wertvolle Hinweise erhalten, die weiter bearbeitet werden.
In den letzten Wochen des vergangenen Monats und in den vergangenen Tagen sind die Hinweise durch die Abschnittsbevollmächtigten über versteckte und offene Hetze stark angestiegen. Dies ist auf die Ereignisse in Volkspolen, vor allem aber Ungarn und Ägypten zurückzuführen.
[...]
Den Genossen Kreisstaatsanwälten wurde Anleitung gegeben, wie sie die verbrecherischen Handlungen und Äußerungen in der derzeitigen Situation zu betrachten und zu behandeln haben.

Monatsbericht Oktober 1956 der Abteilung I der Bezirksstaatsanwaltschaft Erfurt, Staatsanwalt Seidemann (Auszug), vom 10.11.1956, ThHStA Weimar, Staatsanwaltschaft des Bezirkes Erfurt, Abteilung I, Nr. 38, Bd. 1, Bl. 526

61. Bericht der Erfurter Polit-Staatsanwälte über Strafensachen gegen Streikwillige

Dieser Auszug aus dem monatlichen Arbeitsbericht der Polit-Abteilung I der Erfurter Staatsanwaltschaft zeigt die Ausstrahlung des ungarischen Volksaufstands auch auf die DDR. Wie andere Dokumente des Bandes zeigen diese Fälle auch, dass die SED-Politik Arbeiterinteressen letztlich negierte und kriminalisierte. Wie hoch die beiden Streikwilligen verurteilt wurden, ist nicht bekannt.

Zwei Verfahren wegen Boykotthetze ragen über die üblichen Verfahren hinaus:

1. Strafsache gegen D. I 200/56
   Der Beschuldigte hat beeinflusst durch ständiges Abhören des NWDR *[= Nordwestdeutscher Rundfunk]*, in der Nacht vom 18. zum 19.10.1956 im VEB Kaliwerk „Karl Marx" in Sollstedt verbreitet, dass in Magdeburg, Karl-Marx-Stadt und Erfurt die Arbeiter für höhere Löhne und bessere Lebensverhältnisse „streiken" würden. Er hat dabei die Arbeiter des Betriebes zum Streik aufgefordert. Um eine allgemeine Arbeitsniederlegung zu erreichen, versuchte D. den Hauptschalter der elektrischen Stromanlage auszuschalten, wodurch die gesamte Produktion im Betrieb zum Stillstand gekommen wäre und die unter Belastung stehenden Aggregate zu Bruch hätten gehen können.
2. Strafsache gegen J. I 1/57
   Der Beschuldigte hat in der Nacht vom 6. zum 7.11.1956 in Triptis gegenüber Arbeitern geäußert, sie sollten sich eine Scheibe von den ungarischen Aufständischen abschneiden. Sie sollten sich im Betrieb zusammenschließen und ebenfalls „streiken". Die Arbeiter würden von ihm Unterstützung erhalten. Der Bauzug, wo er beschäftigt sei, habe Waffen, um damit ganz Triptis in Schach zu halten. Als die Arbeiter sich gegen diese hetzerischen Äußerungen verwahrten und einer ihm erklärte, dass er Mitglied der Kampfgruppe in seinem Betrieb sei, packte er diesen Arbeiter an

der Brust, drückte ihn gegen einen Zaun und brüllte „du bist auch so ein Kommunistenschwein!“ Weiter äußerte er, er wäre auch Parteimitglied, glaube jedoch nicht alles, was Ulbricht erzählt.

In beiden Fällen wurde Anklage vor dem Bezirksgericht I. Strafsenat Erfurt wegen Verbrechen nach Art. 6 Abs. 2 d. Verf. erhoben.

Monatsbericht Dezember 1956 der Abteilung I der Bezirksstaatsanwaltschaft Erfurt, Staatsanwalt Seidemann (Auszug), vom 10.1.1957, ThHStA Weimar, Staatsanwaltschaft des Bezirkes Erfurt, Abteilung I, Nr. 38, Bd. 1, Bl. 544

62. Staatsanwaltsbericht über Widerhall des Ungarn-Aufstandes

Dieser Monatsbericht des Eisenacher Kreisstaatsanwaltes zeigt das in der DDR-Justiz längst entstandene Bedürfnis nach ergänzenden, konkreteren Polit-Strafparagrafen (über das alte „bürgerliche“ Strafgesetzbuch und den Hetze-Verfassungsartikel 6 hinaus). In Kraft treten sollten diese aber erst genau ein Jahr später in Form des Strafrechts-Ergänzungsgesetzes.

Die Vorkommnisse in Ungarn und in der polnischen Volksrepublik geben dem Gegner im Kreisgebiet Eisenach dazu Anlass, sich mehr als bisher mit der Hetztätigkeit öffentlich zu beschäftigen. Man merkte, dass der Gegner zum Teil öffentlich auftrat. Dabei geht er in einer Form vor, wobei er sich nicht direkt ausspricht, sondern vielmehr indirekt, d.h. also, dass die Hetztätigkeit nach unseren gegebenen Bestimmungen nicht richtig erkannt wird bezw. werden kann und es Veranlassung gibt evtl. dazu überzugehen die neuen gesetzlichen Bestimmungen hinsichtlich der Detaillierung des Artikels zu schaffen. Besonders tritt die Hetztätigkeit in der Gemeinde Schönau auf, wo sich einige Kräfte ständig dem Alkohol hingeben und in diesem Zustand hetzerische Äußerungen machen.

Gemeinsam mit dem Ministerium für Staatssicherheit wird die Abteilung -K- die Untersuchungen führen.

Monatsbericht November, Staatsanwalt Axmann, Eisenach, an Abt. I der Bezirksstaatsanwaltschaft, 5. 12. 1956, ThHStA Weimar, Staatsanwalt des Bezirkes Erfurt, Nr. 39, Bl. 426

63. Bericht der Erfurter Polit-Staatsanwälte über MfS-Untersuchungsmethoden

Die leitenden Staatsanwälte der politischen „Abteilungen I" hatten als Einzige einen Außen-Einblick auf das Geschehen um und in den Stasi-Haftanstalten. Dokumente wie dieses bekräftigen die Aussagen politisch Verfolgter, dass sie dort angebrüllt, gedemütigt und psychisch repressiert wurden. Typisch ist auch, dass der leitende Polit-Staatsanwalt keine direkte Einflussmöglichkeit hatte und den Weg über einen SED-Spitzenfunktionär wählen musste.

Die Zusammenarbeit mit der Leitung der Bezirksverwaltung des MfS ist gut. Mit den Genossen der U.-Abt. bei der Bezirksverwaltung ist diese jedoch sehr schwierig. Obwohl mit den Genossen ständig Aussprachen über die neue Betrachtungsweise *[gemeint: Trennung von Staatsverbrechen und sog. „kleiner Hetze", bedingte Strafaussetzungen]* und die neuen Maßstäbe geführt wurden, haben sich diese bei den Genossen noch nicht durchgesetzt. Mehrfach schon haben die Genossen der Abt. I *[= die Polit-Staatsanwälte]* den Leiter der U.-Abt., den Dienststellenleiter der Bezirksverwaltung den Vorschlag unterbreitet, gemeinsame Aussprachen über die stehenden Probleme zu führen. Bisher blieben unsere Bemühungen jedoch erfolglos. Die Genossen können sich noch nicht vom alten Denken restlos freimachen. Jede Person, die anfällt, ist eben bei ihnen ein Bandit, Verbrecher, Lump, Schwein und das Prinzip der Unschuld eines Menschen, bis das Gericht einen Angeklagten durch Urteil schuldig spricht, gibt es bei ihnen nicht.

Obwohl auf die Genossen ständig eingewirkt wird, ihre Untersuchungen sachlich zu führen, werden die U.-Häftlinge immer noch beschimpft und angebrüllt.
Es hat zwischen den Genossen der Abt. I und dem Leiter der U.-Abt. des MfS im Zusammenhang mit den Ereignissen in Polen und Ungarn über einzelne Verfahren Meinungsverschiedenheiten und geteilte Ansichten gegeben. In einer Aussprache mit dem 1. Sekretär der Bezirksleitung der SED [= *höchster regionaler SED-Chef*] konnte dies geklärt und die Genossen des MfS von der Unrichtigkeit ihrer Ansichten überzeugt werden. Es bedarf jedoch weiter einer ständigen und beharrlichen Arbeit der Staatsanwälte, damit die Genossen dieselbe Klarheit über die Maßstäbe gewinnen. Um dies zu erreichen, wird an Vernehmungen teilgenommen und selbst Vernehmungen im Beisein der Genossen durchgeführt. Unbedingt notwendig ist es, endlich zu gemeinsamen Aussprachen zu kommen.

Monatsbericht Dezember 1956 der Abteilung I der Bezirksstaatsanwaltschaft Erfurt, Staatsanwalt Seydemann (Auszug), vom 10.1.1957, ThHStA Weimar, Staatsanwaltschaft des Bezirkes Erfurt, Abteilung I, Nr. 38, Bd. 1, Bl. 547

64. Warnung des MfS-Untersuchungsleiters vor der Ehefrau eines politischen Gefangenen

Im Folgenden gerät eine beim Polit-Prozess ihres Ehemannes protestierende Frau unter systematische Stasi-Beobachtung. Weitere Protestäußerungen in ihrer Heimatstadt konnten letztlich auch zu ihrer Inhaftierung führen. Ihr weiteres Schicksal ist unbekannt.

Betr. Strafgefangener X.
In der Anlage übersenden wir eine Mitteilung der Wache unserer Haftanstalt über Äußerungen der Ehefrau des Strafgefangenen nach der Gerichtsverhandlung.
Da anzunehmen ist, dass die Frau sich dementsprechend in ihrer Arbeitsstelle verhalten wird, ersuchen wir Sie, solche Vorkeh-

rungen zu treffen, dass keine Stimmung gegen unsere Sicherheitsorgane gemacht werden kann.
Über das weitere Verhalten der Frau bitten wir, uns zu gegebener Zeit Mitteilung zu machen.

Schreiben des Erfurter MfS-Untersuchungs-Chefs Rosulek an MfS-Kreisdienststelle Nordhausen, 29.4.1957, BStU, MfS, BV Erfurt, AS 31/61, Band 1, Bl. 69

65. Interne MfS-Information über staatsanwaltliche Fallbeurteilung

Anders als in den Vorjahren konnte Alkoholeinfluss im Moment der „Hetze" inzwischen strafmildernd wirken. Der Ermittlungsdruck der Staatsanwälte auf die Stasi-Untersuchungsarbeit verdeutlicht weniger inhaltliche als vielmehr taktische Differenzen.

Über den im Betreff genannten Vorgang wurde am 28.5.1957 eine Aussprache mit dem Staatsanwalt Seidemann von der Bezirksanwaltschaft Erfurt geführt.
Ihm wurden die zwei kürzlich von uns durchgeführten Zeugenvernehmungen (Z1 u. Z2) vorgelegt und eine kurze mündliche Einschätzung des X., soweit es möglich war, gegeben.
Dabei wurde noch herausgestellt, dass X. außerdem auch andere negative Diskussionen führt, für die allerdings im Augenblick keine Zeugen vorhanden sind.
Der Staatsanwalt war nach Durchsicht dieses Materials nicht der Meinung, ihn beim jetzigen Stand der Ermittlungen sofort festzunehmen. Er brachte unserer Meinung nach berechtigt vor, dass nach den bisherigen Zeugenvernehmungen X. die jeweiligen hetzerischen Äußerungen unter mehr oder minder starkem Alkoholeinfluss getan hat, und dass für jede dieser hetzerischen unter Alkoholeinfluss gemachten Äußerungen nur ein Zeuge zur Verfügung steht. Bei einer psychiatrischen Untersuchung würde dem Beschuldigten aller Wahrscheinlichkeit nach § 51 Abs. 2 StGB zugebilligt werden. Wenn dann nicht noch andere schlag-

kräftige Gesetzesvorstöße vorliegen, würde eine äußerst geringe Strafe herauskommen, die in keinem Verhältnis zu der aufgewandten Arbeit stünde. Der Staatsanwalt war der Meinung, wenn es uns gelingt, noch weitere Zeugen für negative Äußerungen zu finden, wobei vor allem Äußerungen gegen die Wahlen zu beachten sind, könnte eine Festnahme durchgeführt werden.
Nach Durchführung der zwei Zeugenvernehmungen und dem Ergebnis der noch in letzter Zeit durchgeführten Ermittlungen sind wir ebenfalls der Meinung, dass der jetzige Stand des Vorganges noch nicht zur Liquidierung des Vorganges ausreicht.
Wir schlagen deshalb vor, unter dem angeblich großen Bekanntenkreis des X. Zeugen zu finden, die weiteres über seine Hetztätigkeit aussagen könnten.
Dabei ist Wert vor allem darauf zu legen, hetzerische Äußerungen des X. zu bekommen, die nicht unter Alkoholeinfluss getan wurden.
Bei einer zügigen, durchdachten operativen Bearbeitung könnte es zu unserer Meinung nach nicht schwer fallen, doch noch in kürzester Zeit diesen Vorgang erfolgreich abzuschließen.

Schreiben des Leiters der Stasi-Untersuchungsabteilung an den Weimarer Stasi-Kreisdienststellenleiter, vom 29.5.1957, BStU, MfS, BV Erfurt, Allg. S, Nr. 31/61, Bd. 1, Bl. 36–37

66. Interne MfS-Information über eine Prügelei mit einem Parteisekretär

Die Stasi-Strafermittlungen erfolgten im Wechselspiel verschiedener Stasi-Dienststellen. Die Vernehmer waren auf Informationen, Beweise und Zuarbeiten der Kreisstellen angewiesen. Dies ist eines von zahlreichen Dokumenten dieser Zusammenarbeit, das zugleich einen Fall damals häufiger Meinungsverschiedenheiten zwischen Funktionären und Bürgern darstellt.

Wie bekannt, bestand der Verdacht, dass der oben Genannte aus politischen Motiven tätlich gegen den Parteisekretär von Treffurt vorgegangen war. Die daraufhin durchgeführten Zeugenvernehmungen und Ermittlungen konnten diesen Verdacht jedoch nicht bestätigen, so dass als Motiv der objektiv vorhandenen Körperverletzung bis jetzt lediglich persönliche Gründe vorhanden sind. Besonders ungünstig wirkt sich dabei die Tatsache aus, dass nach Angabe der Zeugen gerade der Parteisekretär, der sich im angetrunkenen Zustand befand, zuerst nach dem Beschuldigten geschlagen hat.
Auf Grund bestimmter Paragraphen der Strafprozessordnung wirkt sich diese äußerst mildernd aus bzw. gibt bei einer even tuellen Gerichtsverhandlung dem Richter die Möglichkeit das Verfahren einzustellen. (Siehe § 233, verbunden mit Notwehrexzess § 53 StGB.)
Das Material wurde ebenfalls mit dem Staatsanwalt durchgesprochen. Dieser war auch der Meinung, dass das bisher Bekannte nicht zur Einleitung eines U.-Verfahrens ausreicht.
Wir übersenden deshalb in der Anlage die Unterlagen über X. und bitten, in eigener Zuständigkeit weiter zu entscheiden.

Schreiben der Erfurter Untersuchungsabteilung IX an MfS-Kreisdienststelle Eisenach (Auszug), 11.6.1957, BStU, MfS, BV Erfurt, AS 31/61 Bd. 1, Bl. 20

67. Interne MfS-Anfrage zur Zeugenvernehmung wegen eines Witze-Erzählers

Ein ähnliches stasiinternes Schreiben, diesmal zwischen verschiedenen Stasi-Bezirksverwaltungen. Das war keineswegs der einzige Erfurter Fall, in dem ein Bürger wegen politischer Witze in Stasi-Haftzellen gesperrt wurde. Sein weiteres Schicksal ist aus den Unterlagen, die der Forschung zugänglich sind, nicht bekannt. Dass er nach Stasi-Inhaftierung auch verurteilt wurde, ist aber sehr wahrscheinlich.

Betr: Zeugenvernehmung des Lehrers Y.
In dem uns vorliegenden Untersuchungsvorgang 60/57 wird die obengenannte Zeugenvernehmung dringend benötigt.
Der Beschuldigte wurde wegen Boykotthetze verhaftet, die er in Form von politischen Witzen in seiner Eigenschaft als Reiseleiter des Deutschen Reisebüros Friedrichroda gegenüber Reisegesellschaften verbreitet. Der Zeuge befand sich Mitte August 1957 in Friedrichroda in Urlaub oder zur Kur und beteiligte sich an einer derartigen Gesellschaftsreise. Auf Grund der vorgebrachten Hetze des Reiseleiters, den er möglicherweise namentlich nicht kennt, beschwerte er sich beim Reisebüro in Friedrichroda über denselben. Wegen dieser Umstände erbitten wir eine Zeugenvernehmung nach folgenden Gesichtspunkten vorzunehmen:

1. Ist Ihnen der ehemalige Reiseleiter des Deutschen Reisebüros Friedrichroda bekannt?
2. In welchem Verhältnis stehen Sie zu dem Reiseleiter?
3. Wie füllte er seinen Posten als Reiseleiter aus. (Hier bitte die Hetze anführen, die er in Form von politischen Witzen verbreitete.)
4. Welche weiteren Witze erzählte er der Reisegesellschaft? (Hier bitte die erotischen Witze anführen, die er in Gegenwart von Kindern erzählte.)
5. Sind Ihnen weitere negative Äußerungen des Reiseleiters bekannt?
6. Wie beurteilen Sie selbst die Haltung des Reiseleiters gegenüber der Reisegesellschaft?
7. Wer kann Ihre Aussagen bestätigen? (Diese Frage nur dann ins Protokoll aufnehmen, wenn Sie positiv mit Namen und Adressen beantwortet werden kann.)

Da es sich um eine dringende Haftsache handelt und der Vorgang baldmöglichst abgeschlossen werden soll, bitten wir, uns die Zeugenvernehmung schnellstens zuzusenden.

Schreiben des stellv. Erfurter Untersuchungs-Leiters Börner an MfS-Bezirksverwaltung Dresden, 22.11.1957, BStU, MfS, BV Erfurt, AS 31/61 Band 1, Bl. 158

68. Interne MfS-Vorgangsbewertung über Strafwürdigkeit eines „Schädlings"

Operativ- bzw. Beobachtungsvorgänge wurden bei der Staatssicherheit von Offizieren fast aller anderen Dienststellen erstellt und bearbeitet. Konnte ein „Straftatverdacht" zwar bloß formeller Bespitzelungsvorwand bleiben, so ergänzte die in dieser Form geführte Beobachtungsarbeit doch auch die meisten tatsächlichen Strafvorgänge. Bevor ein Operativ- zu einem Untersuchungsvorgang mit Haftbefehl wurde, kam es zu einer rechtlichen Bewertung, wie in diesem Falle. Das weitere Schicksal der Betroffenen ist unbekannt.

Der Operativvorgang „Favorit" muss bei der Einschätzung in zwei Komplexe, nämlich Hetze und Schädlingstätigkeit getrennt werden.
Die Hetze wurde in der operativen Bearbeitung gut herausgearbeitet. Dabei traten jedoch auch kleinere Mängel auf. In fast allen GI-Berichten *[GI = Geheimer Informator]* fehlten die Namen der Personen, die bei den hetzerischen Äußerungen zugegen waren. Dadurch wurde die Frage der Zeugen unnötig erschwert.
Ebenso erschwert wurde die Untersuchung dadurch, dass die GI's nicht im Zusammenhang berichteten, sondern oft aus Gesprächen nur bestimmte Äußerungen heraus nahmen. Diese Berichte konnten auch nicht überprüft werden, da in der unmittelbaren Umgebung der Beschuldigten nur ein GI tätig war. Die Werbung eines zweiten inoffiziellen Mitarbeiters wäre nicht nur erforderlich, sondern auch durchaus möglich gewesen.
Die beiden Beschuldigten waren langjährige Mitglieder einer Arbeiterpartei. Die Partei kümmerte sich jedoch nur sehr wenig um diese Personen, weil sie sehr wahrscheinlich von unserer Genossen davon abgehalten wurde. Gerade der Umstand aber, dass die BPO *[= SED-Betriebsparteiorganisation]* sich nicht um die Beschuldigten bemüht hat, wurde diesen als mildernder Umstand vor Gericht gewertet.

Bei der operativen Bearbeitung der Schädlingstätigkeit traten sehr große Mängel, besonders in der Beweisführung auf. So wurden für den Ausfall von Traktoren keine offiziellen Dokumente beschafft, obwohl von unserer *[Untersuchungs-]* Abteilung vorher besonders darauf hingewiesen wurde.
Auch die vorhandenen inoffiziellen Mitarbeiter wurden nicht richtig ausgenutzt. So wurde der technische Leiter nicht genutzt, um bestimmte Arbeiten der Beschuldigten zu überprüfen. In mehreren Fällen wurde auch die Objektivität verletzt, indem man die Betriebssituation falsch einschätzte. Traten im Arbeitsbereich der Beschuldigten Fehler auf, so wurden nicht deren Ursachen ermittelt. Man gab einfach den Beschuldigten die Schuld. Die Untersuchung und vor allem die Einschätzung einer Expertenkommission ergab jedoch, dass dies in den meisten Fällen nicht den Tatsachen entsprach. Diese Mängel führten dazu, dass es uns nicht gelang, den Beschuldigten Schädlingstätigkeit vor Gericht nachzuweisen.
Ein weiterer Mangel war, dass vor den Vernehmungen keine Einschätzung der Zeugen vorhanden war, obwohl von unserer Seite darauf ausdrücklich aufmerksam gemacht wurde.
Über diese Mängel wurde vom Sachbearbeiter, Gen. Ultn. Freytag am 30. 11. 1957 in einer Dienstversammlung der KD *[= Stasi-Kreisdienststelle]* Nordhausen konkret gesprochen. Die Leitung der Abteilung III ist davon unterrichtet.

Einschätzung des Operativmaterials zum U-Vorgang X., vom Erfurter MfS-Untersuchungsleiter Rosulek, 12/1957, BStU, MfS, BV Erfurt, AS 31/61 Bd. 2, Bl. 243f

69. Beschluss der SED-Kreisfunktionäre über Abberufung eines „überparteilichen" Richters

Richter waren in der DDR nicht unabhängig. „Falsche" Urteile führten immer wieder zu personalrechtlichen Konsequenzen – über die SED-Verbundenheit der meisten „Genossen Richter" bestand jedoch nie Zweifel. Sie waren ab 1950 in der Regel über SED-Richterlehrgänge in den Beruf gekommen. Das Dokument zeigt auch das unter lokalen SED-Berufsfunktionären durchaus typische Allmachtsverständnis.

Das Büro der *[SED-]*Kreisleitung Apolda beschloss in seiner Sitzung am 27. 12. 1957 den Genossen X. mit Wirkung vom 31. 12. 1957 als Richter am Kreisgericht Apolda abzurufen.
Begründung:
Er kam im Juni 1956 als Richter an das KG *[= Kreisgericht]* Apolda. Wie aus der damaligen Beurteilung der P.O. *[= Parteiorganisation]* Kreisgericht Weimar-Land, vom 20.4.56, wo er KG-Direktor war, hervorgeht, wurde er zurückgezogen wegen versöhnlerischer Haltung in parteilicher Hinsicht. Er kam mit der Weisung an das KG Apolda, um seine politischen und fachlichen Mängel in einem entsprechenden Kollektiv von Genossen zu überwinden.
Seit Anbeginn seiner Tätigkeit im KG gibt es laufend in der P. O. des KG Apolda und auch in Aussprachen mit der Büro der KL Apolda an der Arbeit des Genossen Kritik, die ihm helfen sollte, sein versöhnlerisches Verhalten gegenüber kleinbürgerlichen Kräften in der Stadt Apolda zu überwinden. Aus allen diesen Aussprachen zieht er jedoch bis heute keine richtigen Schlussfolgerungen zur Verbesserung seiner Arbeit, sondern sieht die Fehler bei allen anderen Mitgliedern der GO *[= Grundorganisation]* der Partei.
Trotz mehrerer Aussprachen im Jahre 1957 hat Genosse X. in seiner Arbeit als Genosse Richter keinen konsequenten Klassenstandpunkt bezogen und Urteile gegenüber Arbeitern durchweg

mit höherem Strafmaß gefällt als im gleichen Delikt gegenüber kleinbürgerlichen und bürgerlichen Kräften.
Da Gen. X. trotz seiner Abberufung im Jahr 1956 als KG-Direktor nicht die nötigen Konsequenzen zur Verbesserung seiner eigenen Arbeit traf, kommt das Büro zu der Auffassung, der Bezirks-Justizverwaltung vorzuschlagen, den Gen. X. aus der Justiz herauszulösen. [...]
Büro der KL *[= Kreisleitung]* Apolda Koch (1. Kreissekretär)

Protokoll der Sekretariatssitzung der SED-Kreisleitung Apolda (Auszug), vom 28.12.1957, ThHStA Weimar, SED-Bezirksleitung Erfurt, Bezirkskontrollkommission, B IV/2/4 – 126, Bl. 4

70. MfS-interner Sachstandsbericht zu „Hetze" im Geschichtsunterricht

Hintergrund-Fallbericht über einen kurz zuvor in der Erfurter Stasi-Haft eingesperrten Berufsschüler. Der Hinweis auf zwei Zeugenaussagen vor der Festnahme belegt, dass auch dieses Strafverfahren, dessen Ausgang nicht bekannt ist, der Mithilfe Dritter bedurft hatte, denn die politischen Äußerungen im Unterricht wurden eindeutig vom anwesenden Lehrer an die Schulleitung und von dort (evt. noch über die SED) an die Stasi weitergetragen. Welche Rolle die typischen Mithelfer-Motive – ideologischer Fanatismus, böswillige Denunziation oder Angst vor Selbstverfolgung – in diesem Fall spielten, ist unbekannt.

Der Vorgang wurde am gleichen Tag *[1. April]* von der Abteilung IX übernommen und der Haftbefehl am 2.4.1958 erlassen, nach § 19 Abs.1, Ziff 1und 2 STEG.
Eine operative Bearbeitung war vor der Festnahme nicht erfolgt. Durch Mitglieder der Schulleitung der Berufsschule III in Erfurt wurde bekannt, dass er in der Schule während des Unterrichtes und an anderen Orten fortlaufend Hetze gegen die DDR betrieb.

Die Haus- und körperliche Durchsuchung erbrachte einiges belastendes Material gegen ihn, welches die betriebene Hetze bestätigen. So wurde unter anderem ein Notizbuch gefunden, in welchem der Beschuldigte hetzerische Notizen niederschrieb. Weiteres Material bestätigt Westverbindungen verwandtschaftlicher Art. Vor der Festnahme wurden zwei Zeugen vernommen. Diese bestätigen, dass er u. a. am 25. und 26. 3. 1958 während des Geschichtsunterrichts in der gewerblichen Berufsschule Erfurt Boykotthetze gegen die Regierung in der DDR betrieb. Er beschimpfte Regierungsmitglieder der DDR als Naziverbrecher, welche die Demokratie unterdrücken. Weiter brachte er zum Ausdruck, es würden in der nächsten Zeit die Verbrecher in Berlin hinweggefegt und dass die kommende Abrechnung nicht so glimpflich verlaufen würde wie am 17. 6. 1953.
Von diesem Zeugen wurde weiter bekannt, dass er Anfang 1958 eine Klassenarbeit schrieb, in welcher er gegen die Demokratie in der DDR hetzte und die Meinung vertrat, die wirklich freie Demokratie herrsche nur in Westdeutschland.
Er versuchte laufend, seine Mitschüler im negativen Sinne zu beeinflussen und die Verhältnisse in den Augen dieser Schüler zu verunglimpfen und im Ansehen herabzusetzen.
Es ist geplant nach gründlicher Aufklärung der vom Beschuldigten betriebenen Hetze, den Vorgang vorfristig abzuschließen. Weiterhin ist vorgesehen in der Untersuchung aufzuklären, von welchem Personenkreis der Beschuldigte eventuell beeinflusst wurde zu seinen staatsfeindlichen Äußerungen.

Stasi-interner Sachstandsbericht zum Untersuchungsvorgang, BV Erfurt, vom 8.4.1960, BStU, MfS, BV Erfurt, Allg. S, Nr. 26/63 Bd. 1, Bl. 350f

71. MfS-Sachstandsbericht über Festnahme eines „Zeugen Jehovas"

Ein weiterer kurz nach Stasi-Inhaftierung erstellter Fall-Bericht, der Arbeitsschritte der Stasi-Vernehmer, aber auch die seit 1952 fortgesetzte Verfolgung der „Zeugen Jehovas" allein wegen ihrer religiösen Kontakte beschreibt.

Die Übernahme des Vorgangs durch die Abteilung IX erfolgte am 9.5.1958, der Haftbefehl wurde am 10.5.1958 erlassen.
Dem Operativ-Material der Abt. V der Bezirksverwaltung Erfurt lag zugrunde, dass ein langjähriger Angehöriger der verbotenen Sekte „Zeugen Jehovas", an Tagungen in Westberlin teilnahm und Hetzmaterial dieser Organisation in das Gebiet der Deutschen Demokratischen Republik eingeschleust hat.
Bei der Hausdurchsuchung wurde außer einigen Hetzschriften „Der Wachturm" kein belastendes Material gefunden.
Die bisherige Vernehmung ergab folgendes:
Der Beschuldigte sagt aus, dass er seit dem Jahre 1949 einer illegalen Gruppe der „Zeugen Jehovas" in Gotha angehört und dass er seit dieser Zeit als „Verkünder" tätig ist. Er nahm regelmäßig an den illegalen Zusammenkünften dieser Gruppe teil. Ferner war in den Jahren 1957 und 1958 bei den Kongressen der „Zeugen Jehovas" anwesend, die im Olympia-Stadion und am Funkturm in Westberlin stattfanden und schleuste auf dem Rückweg nach Gotha etwa „10 Wachtürme" ein.
In der weiteren Untersuchung ist geplant, diesen Vorgang vorfristig abzuschließen. Es wird im besonderen bei den Vernehmungen auf die Verbindung der Gothaer Gruppe zu der Gruppe nach Langensalza eingegangen, da operativ bekannt ist, dass in dieser Langensalzaer Gruppe eine starke Untergrundtätigkeit besteht und aktive Hetze betrieben wird.
Ferner ist geplant, den Beschuldigten nachzuweisen, dass er sich außer seiner Hetztätigkeit noch nach § 16 StEG schuldig gemacht hat.

Stasi-interner Sachstandsbericht zum Untersuchungsvorgang (Auszug), Untersuchungsabteilung IX des MfS, BV Erfurt, vom 30.5.1958, BStU Erfurt, Allg S, Nr. 26/63 Bd. 1, Bl. 309f

72. MfS-Sachstandsbericht über Inhaftierung nach illegaler Postkontrolle

Ein weiterer kurz nach Stasi-Inhaftierung erstellter stasiinterner Fall-Bericht, der nur durch kriminelle Aktivitäten der Staatssicherheit – nämlich die Verletzung des Briefgeheimnisses – zustande kommen konnte. Bis zum Ende der DDR-Zeit gibt es derartige Strafverfahren, wobei vor Gericht nur solche Briefe kamen, die mittels späterer „offizieller Postkontrolle“ oder Wohnungsdurchsuchung „offizialisiert“ wurden. Das weitere Schicksal des Inhaftierten, der ohne politische Handlungen trotzdem politisch verfolgt wurde, geht nur aus seinen Personenakten hervor, die heute unter striktem Datenschutz stehen.

Die Übernahme des Vorgangs durch die Abteilung IX erfolgte am 15.7.1958. Der Haftbefehl wurde am 16.7.1958 nach § 19 StEG Abs. 1 Ziff 1+2, und Abs. 2+3 ausgestellt.
In der operativen Bearbeitung gegen den Beschuldigten wurde festgestellt, dass dieser seit Anfang 1957 laufend Briefe an den westdeutschen Bürger Y. und an eine amerikanische Staatsbürgerin W. geschrieben hat, die Hetze gegen die Deutsche Demokratische Republik beinhalteten. Dabei stellte er seine eigenen Lebensverhältnisse als erbärmlich und armselig hin, um dadurch Genuss- und Lebensmittel zu erhalten.
Im Januar 1958 wurde eine offizielle Postkontrolle durch den Staatsanwalt des Bezirkes eingeleitet und in der Folgezeit Briefe mit hetzerischem Inhalt in der oben genannten Form beschlagnahmt.
Desweiteren wurde durch das technische Institut unseres Organs über dieses Material ein Schriftsachverständigen Gutachten gefertigt, was eindeutig bewies, dass er der Schreiber der Briefe war. Auf Grund dieser Tatsachen erfolgte seine Festnahme.
Bei der durchgeführten Hausdurchsuchung konnte umfangreiches Beweismaterial sichergestellt werden. Dabei war es möglich den gesamten Schriftverkehr des Beschuldigten zu überprüfen und es wurden ca. 150 Briefe beschlagnahmt, die eine

Diffamierung und Herabwürdigung der politischen Verhältnisse der DDR zum Inhalt hatten. Es wurde festgestellt, dass er bereits im Jahre 1950 Bettelbriefe an westdeutsche Schokoladenfirmen geschrieben hat. Ferner geht aus dem beschlagnahmten Material hervor, dass der Beschuldigte schon seit Ende 1952 mit mehreren westdeutschen Bürgern in Briefverbindung steht und bei dem Schreiben seiner Briefe laufend von diesem Zeitpunkt an, bis zu seiner Festnahme Hetze betrieb und für seine Bettelbriefe ständig Westpakete erhalten hat. Desweiteren wurden ca. 40 Westillustrierte und Zeitungen sowie eine große Anzahl faschistischer Bücher und ein Hetzgedicht sichergestellt.
In den beschlagnahmten Unterlagen sind weiterhin Hinweise vorhanden, dass ein vom Beschuldigten im Jahre 1956 geschriebener Brief, wo er die Lebensverhältnisse in der DDR auf gemeinster Weise herabwürdigte, durch den westdeutschen Bürger B. Bonner Dienststellen für eine propagandistische Auswertung zugeleitet wurde.
In den bisherigen Vernehmungen gibt der Beschuldigte lediglich zu, dass er seit Anfang 1953 mit den genannten B. brieflich in Kontakt steht und monatlich ein Lebensmittelpäckchen empfangen hat. Weiterhin sagt er aus, dass er auch mit der erwähnten W. in Briefverbindung stand und bisher von dieser Person drei bis vier Pakete bekam.
Er bestreitet, dass er in den Briefen, die er an die beiden genannten Personen geschickt hatte, hetzerische Äußerungen machte und seine feindliche Einstellung zum Ausdruck brachte.
In der weiteren Untersuchung ist geplant den Beschuldigten auf Grund seiner militärischen Vergangenheit und beruflichen Entwicklung sehr intensiv zur Person zu vernehmen. Desweiteren wird genauestens auf die Vermögensverhältnisse eingegangen da der Beschuldigte Besitzer eines PKWs Ifa F 8 und eines Fernsehempfängers ist.
Es ist weiter vorgesehen, ihn auf seine Verbindungen nach Westdeutschland und Westberlin und dem kapitalistischen Ausland in brieflicher und persönlicher Hinsicht zu vernehmen. Besonderer Schwerpunkt wird darauf gelegt, inwieweit hat er Kontakt mit Bonner Dienststellen gesucht. Ferner wird darauf eingegangen

wie der Beschuldigte in den Besitz der westdeutschen illustrierten Zeitungen kam und ob eventuell ein sogenannter „Lesezirkel“ besteht, wo dieses Material ausgewertet wird.
Mit der operativen Abteilung wurde abgesprochen, Zeugen zu ermitteln, die bestätigen können, dass der Beschuldigte auch innerhalb des Gebietes der DDR in mündlicher Form hetzerische Äußerungen gebraucht hat. In diesem Zusammenhang muss bemerkt werden, dass bei den sichergestellten Briefen auch eine Anzahl vorhanden sind, die Schriftverkehr mit Bürgern aus der DDR darstellen. Diese Personen sollen ebenfalls als Zeugen vernommen werden. Es wird weiter versucht, belastendes Material zu finden, was zur Charakterisierung der Person des Beschuldigten dient. Dabei sind Hinweise vorhanden, dass er sich beispielsweise im Jahre 1954 aufgrund seiner gegnerischen Einstellung nicht an den Wahlen beteiligt hat.
Es ist geplant diesen U-Vorgang nach einer erfolgten Gerichtsverhandlung propagandistisch in Handwerker und Kreisen des Mittelstandes auszuwerten.
Bei Auftauchen wichtiger und neuer Momente erfolgt weitere Berichterstattung.

Stasi-interner Sachstandsbericht zum Untersuchungsvorgang, vom 25.7.1958, BStU, MfS, BV Erfurt, Allg. S, Nr. 26/63, Bd. 1, Bl. 218–221

73. Bericht des Erfurter MfS-Untersuchungsleiters über Festnahme wegen Fluchtvorbereitung

Ein weiterer kurz nach Stasi-Inhaftierung erstellter stasiinterner Fall-Bericht, der auch zahlreiche Aufschlüsse über weitere Ermittlungs- und Verhörziele gibt und auch in Richtung Spionagevorwürfe tendiert. Da Fluchten vor 1961 „nur“ eingeschränkt verhinderbar waren, kamen mit diesem Strafgrund sonst vorrangig „Rückkehrer“, d. h. zurückgekommene Grenzübertreter, in die Fänge der politischen Strafrechtspraxis. Im DDR-Strafverständnis wurden auch (noch) nicht begangene beabsichtigte Handlungen strafwürdig und hoch bestraft.

Die Übernahme des Vorganges durch die Abteilung IX erfolgte am 29.7.1958. Der Haftbefehl wurde am 30.7.1958 erlassen.
Aus vorhandenem O-Material *[= Operativmaterial, aus anderen Stasi-Dienststellen]* ging hervor, dass X. beabsichtigte die DDR illegal zu verlassen. Es konnte weiter ermittelt werden, dass der Beschuldigte für seine Ehefrau und Kinder einen Interzonenpass für einen angeblichen Besuch in Kassel beantragt hat und damit die Absicht hatte, seine Familie für ständig in der Bundesrepublik zu lassen. Auch konnte durch Beobachtungen festgestellt werden, dass die Familie anderen Bürgern der Stadt Erfurt bei den jeweiligen Besuchen Päckchen mitgaben, die sie nach einer erfolgten Flucht der Familie in die Bundesrepublik schicken sollten. Zum anderen wurde durch die Technik bekannt, dass der Beschuldigte selbst beabsichtigte, über Westberlin flüchtig zu werden. Dieses sollte über Potsdam geschehen und im Falle einer Kontrolle im Gebiet der DDR wollte er angeben, dass er sich in dieser Stadt eine Beschäftigung suchen wollte. Auf Grund dieser gegebenen Tatsachen und der Vermutung, dass er in Westberlin in seiner Eigenschaft als Stadtrat ihm bekannt gewordene Vorkommnisse preisgegeben hätte, erfolgte seine Festnahme.
Zu bemerken ist, dass der Beschuldigte mit dem vor einigen Monaten republikflüchtig gewordenen ehemaligen Kreissekretär der CDU aus Erfurt in enger Verbindung stand und genau wie dieser innerhalb der CDU konsequent gegen die Jugendweihe Stellung nahm. Beide brachten in ihren Diskussionen wiederholt zum Ausdruck, dass in der DDR eine Unterdrückung der Glaubensfreiheit herrschen würde.
Bei der durchgeführten Hausdurchsuchung konnten einige Pakete sichergestellt werden, die Haushaltsgegenstände und Bekleidungsstücke beinhalteten und zum Verschicken nach Westdeutschland bestimmt waren. Weiteres belastendes Material konnte in der Wohnung des Beschuldigten nicht beschlagnahmt werden.
Die bisherigen Vernehmungen ergaben folgendes:
Der Beschuldigte sagt aus, dass er sich seit Ostern dieses Jahres mit dem Gedanken trug, die Deutsche Demokratische Republik

illegal zu verlassen. Er gibt weiter an, dass er diese Angelegenheit mit seiner Ehefrau abgesprochen hat und dass er unter der bewussten Täuschung der zuständigen Behörden für seine Familie einen Interzonenpass beschafft hat, der dazu dienen sollte, dass diese für ständig in der Bundesrepublik bleibt. Er war sich dabei über das Maß seiner strafbaren Handlung im klaren. Zum anderen sagt er aus, dass er selbst beabsichtigte, über Potsdam nach Westberlin flüchtig zu werden und von da aus nach der Bundesrepublik ausfliegen lassen wollte. Seine Frau und seine Kinder sollten vorerst bei seinen Eltern in Wiesbaden unterkommen. Ferner gibt der Beschuldigte zu, dass er zusammen mit seiner Familie 8–9 Päckchen mit Wäsche und Haushaltsgegenständen zur Vorbereitung der Republikflucht auf postalischen Wege in die Bundesrepublik geschickt hat. Diese Angaben worden auch im wesentlichen von seiner Ehefrau bestätigt.
Drei weitere Zeugenvernehmungen erbrachten den Beweis, dass sich X. ernsthaft mit dem Gedanken trug flüchtig zu werden. Bei diesen Personen konnte je ein Päckchen sichergestellt werden, was sie von der Familie erhalten hatten und nach einer erfolgten Flucht ihm nachsenden sollten. Die Päckchen wurden zum Teil von dem Beschuldigten und zum anderen von der Ehefrau versandfertig gemacht.
Von einer Festnahme der Ehefrau des Beschuldigten wurde in Anbetracht der vier vorhandenen Kinder Abstand genommen.
In der weiteren Untersuchung ist geplant, den Beschuldigten besonders darauf aufmerksam zu vernehmen, dass er sich als Funktionär der CDU und Stadtrat im klaren war, dass er im Falle einer Republikflucht und seinem Bestreben als „politischer Flüchtling" anerkannt zu werden, interne Dienstangelegenheiten von der CDU, von der Stadt Erfurt preisgeben hätte.
Ferner muss der Beschuldigte konkret auf seine Verbindungen zu dem erwähnten B. vernommen werden um dabei herauszustellen, dass er auf Grund seiner negativen Einstellung flüchtig werden wollte. Dieses deshalb, weil der Beschuldigte bisher aussagt, dass er wegen beruflichen Schwierigkeiten diesen Schritt vorhatte. Weiterhin wird er auf evtl. Manipulationen, die er in seiner Eigenschaft als stellvertretender ATG-Leiter in Gera

in den Jahren 1953/54 begangen hat, vernommen. Es sind operative Hinweise gegeben, dass er zu der damaligen Zeit beschlagnahmte Fahrzeuge unter den Taxwert an Privatpersonen verkauft und dafür vermutlich Bestechungsgelder erhalten hat. Diesbezüglich werden jedoch noch genaue Ermittlungen durch die zuständige operative Abteilung durchgeführt.
Es ist vorgesehen, den Vorgang vorfristig abzuschließen.

Bericht der Untersuchungsabteilung IX der BV Erfurt an MfS Berlin (Auszug), 7. 8. 1958, BStU Erfurt, Allg. S, Nr. 26/63 Bd. 1, Bl. 196–199

74. Staatsanwalt verlangt von SED-Funktionären Eingreifen wegen „liberalistischer Tendenzen" am Kreisgericht

War ein Urteil für Staatsanwälte untragbar, dann kam es üblicherweise zur höherinstanzlichen Revision mit gerichtlicher Urteilsüberprüfung. In diesem Fall versuchte der Weimarer Kreisstaatsanwalt Chlupka hingegen den irregulären, im SED-Zentralstaat aber durchaus Erfolg versprechenden Weg über die Parteistrukturen. Inwieweit die Parteifunktionäre im vorliegenden Fall „politisch-erzieherische" Mittel gegen den kritisierten Kreisrichter einleiteten, ist unbekannt.

An die Kreisleitung Weimar-Stadt

Betr. Einhaltung sozialistischer Gesetzlichkeit in Weimar […]

c) Liberalistische Tendenzen im Kreisgericht […]
2. In der Strafsache gegen die […] hat der Genosse Hartramph als Direktor und Strafrichter des Kreisgerichtes die Eröffnung des Hauptverfahrens nach Anklageerhebung abgelehnt. In seinem Schreiben hat er folgende Begründung niedergelegt, indem er der Auffassung war, dass eine Staatsverleumdung nicht vorliegt, weil es an dem Merkmal der ‚Öffentlichkeit' mangelt.
Genosse Hartramph schrieb folgendes:
„Der Tatbestand des § 20 StEG. ist nicht erfüllt, da es an dem Merkmal ‚Öffentlichkeit' mangelt. Die Äußerungen der Ange-

klagten sind in ihrer Wohnung gefallen und in dieser ist nicht – einem bestimmten Personenkreis – die Möglichkeit gegeben, ihre Äußerungen wahrnehmen zu können."
Nach dem Sachverhalt hat die Angeklagte Fürsorgerinnen der Abt. Volksbildung – Ref. Jugendhilfe/Heimerziehung – unter wüstesten Beschimpfungen aus ihrer Wohnung rausgeworfen. Dabei hat sie auch anderen Staatsfunktionären gedroht und sogar die Regierung beschimpft.
Der Meinung des Genossen Hartramph kann man sich auf keinen Fall anschließen, wenn er hier das Tatbestandsmerkmal der ‚Öffentlichkeit' ablehnt, da ja auf Grund dieser liberalistischen Einstellung jedermann dann das Recht hätte, in seiner Wohnung über Staatsfunktionäre und die Regierung zu schimpfen, wie es in diesem Falle geschehen ist, ohne dass er strafrechtlich zur Verantwortung gezogen werden könnte.
Andererseits ist der Genosse Hartramph in diesem Straffalle ausgewichen und hat begründet, dass sich die Angeklagte zwar nicht der Staatsverleumdung schuldig gemacht hat, weil es an dem Merkmal der Öffentlichkeit fehlt, sondern sie habe staatsgefährdende Hetztätigkeit verübt und das Verfahren gehört dann vor das Bezirksgericht.

Schreiben des Weimarer Kreisstaatsanwalts Chlupka an die SED-Kreisleitung Weimar-Stadt, (Auszug), o.D., ThHStA Weimar, SED, Bezirksparteiarchiv, SED-Kreisleitung Weimar-Stadt, Nr. IV/4.12/1-217, Bl. 120f

75. MfS-Meldung über „abgeschöpfte" Informationen aus einem Verhör

Die Stasi-Verhöre dienten nicht nur der Erpressung von Schuldbekenntnissen, Beweismittel-„Offizialisierung oder psychologischen Unterwerfung der Verhörten, sondern oft auch der „Abschöpfung" von weiteren Informationen und von Indizien gegen Dritte. Solche Ausgangspunkte für weitere Strafverfahren waren keineswegs die Ausnahme, wobei hier zumeist kein Verrat der Verhörten, sondern vorrangig hinterhältige Befragungstechni-

ken zu ungewollten Belastungen Dritter führten, wie auch in diesem Fall, dessen Ausgang leider unbekannt ist.

Wie bekannt, wurde Obengenannter wegen staatsgefährdender Propaganda und Hetze inhaftiert. Er hat seit Jahren laufend Nachrichten westdeutscher Rundfunkstationen unter seinen Arbeitskollegen im VEB „Rheinmetall“ Sömmerda verbreitet, des weiteren militaristische und faschistische Lieder öffentlich in Gaststätten gesungen. Außerdem führte er noch negative Gespräche gegen den FDGB, gegen die Entwicklung der Wirtschaft unserer Republik und verherrlichte die Zustände in Westdeutschland. Der genannte Vorgang ist abgeschlossen.
Er belastete in einer seiner Vernehmungen drei weitere Personen. Darunter auch den bereits bekannten Y. Nach Rücksprache mit der Leitung wurde entschieden, diesen Personenkreis, besonders aber Y., schnellstens operativ zu bearbeiten. Y. vor allem deshalb, da bei ihm der Verdacht besteht, dass er der Schmierer der in der Vergangenheit in der „Rheinmetall“ aufgetauchten Hetzlosungen ist. In dieser Hinsicht wäre es notwendig, sofort einen Schriftenvergleich durchzuführen, um zu prüfen, ob auch hier der Verdacht von Y. bestätigt wird.

Schreiben des Erfurter MfS-Untersuchungsleiters Rosulek an die Erfurter MfS-Abteilung III, vom 8. 8. 1958, BStU, MfS, BV Erfurt, AS 311/61, Band 2, Bl. 118

76. MfS-Sachstandsbericht über Festnahmen von Landwirten

Ein weiterer kurz nach Stasi-Inhaftierung erstellter stasi-interner Fallbericht, der typisch und ähnlich den zu 1952ff. bereits benannten Beispielen ist und auch neun Jahre nach Staatsgründung zeigt, wie „staatssichernd“ die strafrechtliche Verfolgung politischer Kritiker noch immer war. Der weitere Verlauf ist unbekannt, ein Gefängnisurteil aber sehr wahrscheinlich.

Der Vorgang wurde am 12.8.1958 durch die Abteilung IX übernommen. Der Haftbefehl wurde am 13.8.1958 wegen Verbrechen nach § 19 Abs.1 und 2 StEG erlassen.
Wie bereits angeführt, lag operatives Material der Kreisdienststelle Sondershausen vor. Aus diesem Material war ersichtlich, dass A. sowie B. seit mehreren Jahren fortgesetzt eine wüste Hetze sowie Mordhetze gegen fortschrittliche Bürger, demokratische Organisationen und gegen die, die sozialistische Entwicklung auf dem Lande betrieben. So brachte A. im Jahre 1953 gegenüber dem Zeugen Z. zum Ausdruck, dass er der erste sei, der aufgehängt würde, wenn es einmal anders kommt. Im Jahre 1954 verbreitete er das Gerücht, dass nach den Volkswahlen Repressalien losgehen. Die Listen über die festzunehmenden Personen seien schon fertig.
Zu den Ereignissen in Ungarn sagte A. zum Genossen G., wartet nur, wenn es bei uns erst losgeht, wie jetzt in Ungarn, da werden bei uns in der DDR noch mehr aufgehangen als dort.
Ferner brachte der Beschuldigte im Januar 1957 dem Zeugen Z. Drohungen zum Ausdruck, indem er zu ihm sagte, „er wäre doch auch ein Kommunist und die würden doch alle erhängt oder totgeschlagen“.
Der Beschuldigte brachte vor 5 Monaten und Anfang Juni 1958 zum Ausdruck, „Ich warte nur darauf, dass es einmal anders kommt, dann schlage ich allen Kommunisten mit der Axt den Schädel ein“. Desweiteren brüstet sich A. mit seiner ehemaligen Zugehörigkeit zur SA, wo er Fahnenträger war.
Bei der Hausdurchsuchung wurde bei dem Beschuldigten A. eine Hetzschrift und mehrere Westzeitungen gefunden. Bei B. konnten zwei Hetzschriften sichergestellt werden, sowie Briefe aus der Nazizeit, in welchen er Hitler huldigte.
Die bisherige Untersuchung hatte folgendes Ergebnis:
Die Beschuldigten A. und B. geben zu, Hetze gegen die DDR betrieben zu haben, welche durch die Zeugen bestätigt wird.
A. gibt zu, dass er gegenüber dem Zeugen, welcher inzwischen zeugenschaftlich vernommen wurde, sagte, dass er doch Kommunist wäre, die würden bald totgeschlagen und erhängt. Irgendwelche Gründe seiner feindlichen Tätigkeit gibt er nicht an.

Es wurden außerdem die Zeugen X. und Y. vernommen, die die Hetze des A. bestätigen. Die feindlichen Handlungen des A. wurden einmal vom Zeugen sowie vom Mitbeschuldigten B. bestätigt.
Im Operativ-Vorgang wird ferner ein gewisser C. belastet. Gegen diese Person wurden Maßnahmen eingeleitet, um Zeugen zu finden, die seine feindliche Tätigkeit bestätigen.
In der Untersuchung ist geplant, besonders bei A. auf Verbindungen nach Westdeutschland einzugehen, da A. in den vergangenen Jahren mehrmals Westberlin aufsuchte.

Stasi-interner Sachstandsbericht zum Untersuchungsvorgang, vom 22.8.1958, BStU, MfS, BV Erfurt, Allg. S, Nr. 26/63, Bd. 1, Bl. 179ff

77. MfS-Sachstandbericht über Inhaftierung wegen Abreißen einer roten Fahne

Ein weiterer kurz nach Stasi-Inhaftierung erstellter stasiinterner Fallbericht, der wiederum durch „fortschrittliche“ Bürgermithilfe zustande kam. Das Schicksal der Beschuldigten geht aus dem Dokument nicht hervor.

Der Vorgang wurde am gleichen Tage von der Abteilung IX übernommen, Haftbefehle wurden am 30.9.1958 ausgestellt.
Die bisherige Untersuchung ergab folgendes:
Beide Beschuldigte haben am 21.9.1958 gegen Mitternacht vor der Gaststätte „Ratskeller“ eine rote Fahne vom Flaggenmast heruntergerissen. Das Ziel ihrer Handlungsweise war, das Fahnentuch zu vernichten.
Bei ihrer Tatausführung wurden sie von einem Straßenpassanten gesehen, der den flüchtenden Beschuldigten folgte, diese aber nicht stellen konnte. Am 22.9.1958 wurde die Fahne an einem Brückengeländer angebunden gefunden.

In der oben erwähnten Gaststätte betrieben beide Beschuldigte vorher antidemokratische Propaganda und Hetze in Gegenwart anderer an ihrem Tisch sitzender Gäste.
Der Beschuldigte A., welcher bereits schon zweimal republikflüchtig war, verherrlichte im großen Maße die westzonalen Lebensverhältnisse und pries die „westliche Freiheit der Persönlichkeit."
Dabei wurde A. bei seiner Feindpropaganda von B. unterstützt, der ebenfalls 1957 urlaubsweise in Westdeutschland weilte. Er befürwortete zumeist die von A. betriebene Hetze gegen die DDR, indem er hinzufügend kommentierte und sich an die Gäste wandte: „dass es wahr sei, was A. sagt!"
Aus den Einlassungen des Beschuldigten A. geht hervor, dass er Mitte 1958 schon mehrmals versuchte, B. zum Verlassen der DDR nach Westdeutschland zu beeinflussen. Nach Aussagen des B. habe A. an seinen in der Westzone gewonnen „Eindruck" appelliert" und versuchte ihn damit zu überzeugen, dass doch das Leben im Westen viel besser sei als in der DDR.
B. hat sich den Abwerbungsversuchen des A. gegenüber ablehnend verhalten.
Ferner ist operativ bekannt geworden, dass A. verschiedene Kollegen in seiner letzten Arbeitsstelle [...] aufforderte „langsam zu arbeiten!"
In der weiteren Untersuchung ist geplant Zeugen zu vernehmen, welche die staatsfeindliche Tätigkeit beider Beschuldigten bestätigen können.
Ein weiterer Schwerpunkt wird auf eventuelle feindliche Verbindungen des A. gelegt.
Der Vorgang soll baldmöglichst abgeschlossen werden.

Bericht der Untersuchungsabteilung IX des MfS Erfurt an das MfS in Berlin, vom 8.10.1958, BStU Erfurt, AS 26/63 Bd. 1, Bl. 152–154

78. MfS-Sachstandsbericht über öffentliche Prozessauswertung eines Hetze-Strafverfahrens

Die in den Polit-Strafverfahren Tätigen – seien es hier die Stasi-Offiziere oder anderswo die Staatsanwälte oder Richter – verbrachten schon seit den frühen 50er-Jahren einen Teil ihrer Arbeitszeit mit straferzieherischen Propagandaauftritten. Dabei ging es um Diffamierung/Entsolidarisierung bezüglich der Verurteilten und letztlich um breitflächige Abschreckung und Untertanenerziehung. Dieses Vorgehen sollte in der Regel auch die Rückkehr der später wieder Freigelassenen in „ihr altes Leben" unmöglich machen.

Am 12.11.1958 wurde die Auswertung des genannten Vorgangs auf dem Bahnhof Eisenach vor ca. 90 Reichsbahnangestellten vorgenommen.
Von Seiten des Ministeriums für Staatssicherheit waren bei dieser Versammlung der Gen. Oberfeldwebel Voss, Abteilung XIII und der Gen. Unterleutnant Freytag, Abteilung IX anwesend. Die Auswertung wurde von dem Letztgenannten vorgenommen.
Ausgehend von allgemeinen Betrachtungen über die Aufgaben des Ministeriums für Staatssicherheit wurde insbesondere auf die psychologische Kriegsführung hingewiesen. Dabei wurde angeführt, dass die Zentralen durch Abwerbung, Terror gegen Besucher in Westdeutschland und Personen, die in die DDR reisen wollen, Hetzsendungen und mit den Mitteln der Spionage und Gewaltanwendung, den kalten Krieg gegen das sozialistische Lager verstärkt fortführen. Es wurde auch darauf hingewiesen, dass der ehemalige Angestellte des Bahnhofs Eisenach X. alias A. in der Agentenzentrale des MID *[= Military Intelligence Division]* in Würzburg maßgeblich mitgearbeitet hat. An Hand dieses Beispieles (Dienststelle Würzburg) wurde gezeigt, dass die moralisch-politische Einheit der Bevölkerung in der DDR ständig wächst und sich immer weniger Menschen finden. Die sich zu Verbrechen für die westdeutschen Machthaber hergeben.

Nach diesen Ausführungen wurde auf die Verbrechen der einzelnen Beschuldigten eingegangen. Zuerst wurden die einzelnen Beschuldigten charakterisiert. A. als altes unbelehrbares NSDAP-Mitglied und B., der den Faschismus aktiv unterstützte und in seiner Eigenschaft als Bahnpolizist in Kassel sogenannte „Ostarbeiter" misshandelte.
In diesem Zusammenhang wurde festgestellt, dass es sich bei den Beschuldigten um Feinde der DDR handelt, die sich von verschiedenen Hetzsendern systematisch beeinflussen ließen. Danach wurde auf die einzelnen Verbrechen der Beschuldigten eingegangen. Dabei wurde besonders herausgestellt, dass sie seit 1950 unter einem von ihnen ausgewählten Kollegenkreis eine intensive Hetze gegen die DDR betrieben und Flugblätter verbreiteten.
Diese Ausführungen wurden von den Angestellten des Bahnhofes Eisenach mit großem Interesse aufgenommen. Ein wesentlicher Mangel war jedoch, dass keine Diskussion zustande kam, obwohl ca. 40 Genossen anwesend waren. Mit dem Genossen G. wurde abgesprochen, dass dies über die Partei geklärt wird.

Bericht über Auswertung eines Vorgangs, von Sachbearbeiter der MfS-Untersuchungsabteilung Erfurt, Unterleutnant Freytag, vom 24. 11. 1959, BStU. MfS, BV Erfurt, Allg. S, Nr. 31/61, Band 2, Bl. 49f

79. MfS-Sachstandsbericht über Haftbefehl wegen „Hetze" gegen das MfS

Ein Fall in „eigener Sache". Ebenso wenig wie SED und Staatsdiener eine Infragestellung örtlicher Funktionäre duldeten, taten sie dies bei Kritik an ihrer eigenen Arbeit. Das Dokument ist ebenfalls ein kurz nach Stasi-Inhaftierung erstellter stasi-interner Fallbericht, so dass nicht gesagt werden kann, ob diese Art der „Hetze" womöglich höher bestraft wurde.

Der Vorgang wurde am 18.12.1958 von der Abteilung IX übernommen. Die Ausstellung des Haftbefehls erfolgte am 19.12.1958 nach § 19 StEG.
In der operativen Bearbeitung des Beschuldigten wurde bekannt, dass er die Inhaftierung der 3 Großbauern von Willerstedt (U-Vorgang 57/57) im Herbst 1957 zum Anlass nahm, um fortgesetzt gegen die DDR, insbesondere das MfS und gegen die Sowjetunion zu hetzen.
So hetzte er nach GI-Berichten im November 1957 gegen das MfS, indem er behauptete, dass bei denselben jedes Menschenrecht in den Dreck getreten wurde. Diese Zustände würden in unserem Staat kein Ende nehmen, wenn er nicht bald abgelöst wird. Wenn die „Russen“ nicht hier wären, dann wäre am 17. Juni 1953 schon alles vorbei gewesen. Weiter verglich er das MfS mit der Gestapo und erklärte, dass das MfS zehnmal schlimmer wäre als die Waffen-SS.
Während einer Versammlung der CDU in der Gemeindegaststätte im Februar 1958, erklärte er, dass er schon richtig wäre, wenn der CDU-Vorsitzende sein Amt niederlegen würde. (Derselbe ist der Schwiegersohn des Großbauern und zu 2 1/2 Jahren Zuchthaus verurteilten Y.) Auf der einen Seite würde man seinen Schwiegervater einsperren und auf der anderen Seite sollte er politisch arbeiten. Im Gegenteil müsste er alles tun, um den Staat Schaden zuzufügen. Selbst bei Hitler hätte es das nicht gegeben, dass Angehörige 5–6 Monate nicht gewusst hätten, wo sich die inhaftierten Personen befinden. Dieselben wären sicher schon zu 15 Jahren Zuchthaus verurteilt. Der „Russe“ würde es ja mit seinem Volk genauso machen. Wenn es einmal anders kommen würde, dann würde er es mit den Burschen (vom MfS) auch so machen. Bei verschiedenen anderen Diskussionen im Jahre 1958 äußerte der Beschuldigte außerdem zu anderen Personen, die fortschrittlich in Erscheinung traten, dass dieselben „rot angehaucht“ seien, aber es wäre ja noch nicht aller Tage Abend mit der russischen Diktatur.
Im März 1958 als in O. bekannt wurde, dass die Verhandlung gegen die 3 genannten Großbauern stattgefunden hatte, äußerte X. in der Gastwirtschaft, dass diese 3 Personen schon verurteilt

würden, aber 80 % von dem, was man erfahren würde, wäre gelogen. Die Kerle vom MfS würden schon mit Gewalt und Folter Aussagen erpresst haben. Er möchte sehen, wie man sie gelyncht hat. Die hätten das doch vom Russen gelernt. Weiter behauptete er, wer glaubt, was Zeitungen und Rundfunk in der DDR bringen, würde an Gespenster glauben.
Weiter wurde durch einen Zeugen bekannt, dass X. im Jahre 1945 im Besitz einer Pistole und Munition gewesen sein soll.
Bei den Durchsuchungen wurden einige Westzeitungen und Bilder, die den Beschuldigten als SS-Mann zeigen, beschlagnahmt.
Die bisherige Untersuchung hatte folgendes Ergebnis:
Der Beschuldigte gibt zu, gegen die DDR und die SU gehetzt zu haben. Insbesondere bestätigt er die Hetze gegen das MfS, wonach er behauptete, dass dasselbe zehnmal schlimmer wäre als die faschistische SS. Ansonsten verhält er sich so, dass er die Hetze im allgemeinen zugibt und die konkreten hetzerischen Äußerungen vergessen haben will.
Ferner sagt er aus, dass er im Jahre 1951 die Maidemonstration fotografiert habe und gegenüber 2 Frauen äußerte, dass er die auf den hergestellten Bildern, abgebildeten Funktionäre sich merken müsse, damit diese auch eines Tages nach Buchenwald kämen. Er bestreitet noch, im Besitz einer Pistole gewesen zu sein. Das wird noch genau untersucht.
Es ist in der weiteren Bearbeitung geplant, den Beschuldigten seiner konkreten hetzerischen Äußerungen zu überführen.
Eine Reihe von Zeugen, die bereits bekannt sind, sollen noch zu den hetzerischen Äußerungen vernommen werden.

Stasi-interner Sachstandsbericht zum Untersuchungsvorgang 98/58, vom 29. 12. 1958, BStU, MfS, BV Erfurt, Allg. S, Nr. 26/63 Band 1, Bl. 7–9

80. MfS-Planung eines Schauprozesses gegen einen Schuldirektor

Nicht nur die Strafhöhe, sondern auch andere Faktoren des Polit-Verfahrens wurden stark von der Staatssicherheit geprägt. Letztere bestimmte in der Regel auch, ob das Verfahren nicht öffentlich oder gar in großem Stil als „Schauprozess" arrangiert werden sollte und was die Presse zu berichten hatte. Derartige Dokumente liegen in den Stasi-Archiven ebenfalls in größerer Zahl vor. Bei solchen „Schauprozessen" entsteht immer wieder der Eindruck, als würden auch die Angeklagten hier lediglich eine „Rolle" spielen.

I. Es wird vorgeschlagen, die Hauptverhandlung gegen den Nachgenannten vor erweiterter Öffentlichkeit durchzuführen, um damit die Politik unserer Partei und Regierung für eine Freie Stadt Westberlin im Bezirk Erfurt nachhaltig zu unterstützen.
X., [...] Lehrer, zuletzt Schulleiter der Grundschule GGG. Kreis Bad Langensalza, wohnhaft [...], Parteizugehörigkeit: von 1947 bis Verhaftung SED

II. Anklagepunkte:
X. wurde im Herbst 1956 mit dem westdeutschen BND in Westberlin in Verbindung gebracht und von zwei Mitarbeitern dieses Geheimdienstes in raffinierter Weise unter Druck angeworben.
Seit April 1956 spionierte er dann im Auftrage des BND gegen die Sowjetarmee, sammelte Informationen über militärische Objekte in Bad Langensalza, Gotha und Mühlhausen.
Hierüber berichtete er in 16 schriftlichen Berichten unter Verwendung des Wasserdruckverfahrens sowie bei 14 Treffs in Westberlin dem Geheimdienst. Er hatte den Auftrag, sowjetische Soldaten oder Offiziere zu bestehlen und sollte mit einem Gerät zur Übermittlung von Aufträgen der Zentrale ausgerüstet werden. Mit ihm war ein Sicherheitssystem und

eine Vereinbarung für sein Verhalten im Kriegsfall getroffen worden.
Für seine Agententätigkeit bekam er fast 3.000,-- Westmark.

III. Politische Zielsetzung:
Mit diesem Prozess soll vor allem der Kampf der DDR um die Schaffung einer Freien Stadt Westberlin, für die Liquidierung der Agentenorganisationen in Westberlin, unterstützt werden.
Es soll nachgewiesen werden, dass von Westberlin aus der Krieg gegen die DDR vorbereitet wird und hierzu Bürger der DDR zur Durchführung der gemeinsten Verbrechen angeworben werden, wobei jedes Mittel, wie z. B. das der Druckwerbung bei X., angewendet wird. Der Beschuldigte kann weiter aussagen, dass bei den Mitarbeitern des Geheimdienstes sogar schon Pläne für den Kriegsfall, nämlich über die Verbindungsaufnahme in dieser Situation vorliegen. Durch dieses Material wird auch deutlich gemacht, dass die Geheimdienste Westberlin nur als eine äußerst günstige Ausgangsbasis für ihre Organisierung und Durchführung von Verbrechen gegen die DDR betrachten, während ihre Mitarbeiter aus Sicherheitsgründen in Westdeutschland wohnhaft sind und mit Flugzeugen zu den Treffs nach Westberlin kommen.
Zur Unterstützung dieser politischen Zielsetzung ist geplant, den Strafvollzugshäftling Y., der in Dresden wegen Spionage für den gleichen Geheimdienstmitarbeiter verurteilt wurde, als Zeuge vor dem Bezirksgericht Erfurt auftreten zu lassen. Dieser sagt aus, wie er nun angeblich zum Briefmarkentausch nach Westberlin gelockt und dort zum Spion gemacht wurde.
Es wurden z. Zt. auch die abgeschlossenen Vorgänge überprüft mit dem Ziel, noch zwei weitere Agenten, die ihre Feindtätigkeit von Westberlin aus durchführten bzw. von dort ihre Aufträge erhielten, im Rahmen dieser Hauptverhandlung über die von Westberlin aus organisierte Wühltätigkeit aussagen zu lassen. Evtl. ist dazu der UFJ-Agent YY.

geeignet, der Angaben über den von den Feindorganisationen geplanten „Tag X“ macht, was zur näheren Erläuterung der mit dem „Outline“-Plan zusammenhängenden Fragen dienen kann.
Es ist auch beabsichtigt, zur noch besseren Untermauerung der von X. durchgeführten Spionagetätigkeit, zwei Glasvitrinen in einem Raum vor dem Gerichtssaal mit geeigneten Beweismitteln über die von Westberlin aus geleistete Feindtätigkeit aufzustellen, damit die Prozessteilnehmer sich in den Pausen damit vertraut machen können.

IV. Beweismittel:
1. Eigene Einlassungen des Beschuldigten
2. Geständnis des Beschuldigten
3. Drei Zeugen
4. Bildbericht über die Herstellung von Spionageberichten im Wasserdruckverfahren
5. Überprüfte, sichergestellte Deckadressen und Fotografien von erhaltenen Spionagegeldern
6. Aussagen weiterer Zeugen aus abgeschlossenen Vorgängen über Westberlin.

V. Verhandlungsort und Teilnehmerkreis:
Die Verhandlung soll im Saal des Bezirksgerichtes Erfurt vor etwa 100 Zuhörern stattfinden.
Zu deren Zusammensetzung ist grundsätzlich festzustellen, dass es sich vorwiegend um Personen handeln soll, die das Gehörte auch weitergeben und auswerten können.
Auf Grund der Thesen des ZK „Über die sozialistische Umgestaltung des Schulwesens in der DDR“ und der damit auch unter der Lehrerschaft des Bezirkes organisiert durchgeführten Diskussionen, soll dieses Prozessmaterial in der Auswertung zur weiteren ideologischen Festigung mit verwendet werden.
Im einzelnen wären dies:
1. Teilnehmer von der Abt. Volksbildung des Rates des Bezirkes (ca. 40 – 45 Personen) und sämtlicher Räte der Kreise (je Kreis 5 – 10 Personen).

2. Funktionäre der SED-Bezirksleitung und der Kreisleitungen, die für das Sachgebiet Schulen verantwortlich sind (insgesamt 20–30 Personen).
3. Funktionäre der Massenorganisationen, wie Nationale Front, FDGB, Kulturbund und Gesellschaft für Verbreitung wissenschaftlicher Kenntnisse. (Insgesamt 20 Personen.) Dieser Personenkreis wird deshalb vorgeschlagen, da diese Organisationen in der Aufklärungsarbeit betreffend Westberlin stark eingeschaltet werden.
4. Lehrpersonal und Studierende der pädagogischen Institute Erfurt und Mühlhausen. (Je Institut ca. 10 – 15 Personen)
5. Delegationen aus den Orten, in denen X. unterrichtete (ca. 10 – 20 Personen)
6. Vertreter der Presse des Bezirkes und ADN sowie des Senders Weimar.
7. Die gesamte Verhandlung wird auf Tonband aufgenommen, damit das MfS später weitere Auswertungsmöglichkeiten hat.

Handschriftliche Anmerkung des Leiters der MfS-Bezirksverwaltung: Zahlen der Teilnehmer verändern. Kein Schauprozess, sondern § 14 StEG Spionage.

Vorschlag zur Durchführung eines öffentlichen Prozesses, vom Leiter der MfS-Untersuchungsabteilung Rosulek, 29.1.1959, BStU, MfS, BV Erfurt, AS 31/61, Bd. 2, Bl. 3–6

81. MfS-Sachstandsbericht über Festnahme eines Sozialdemokraten aufgrund von MfS-Postkontrollen

Die Sozialdemokraten, die als Partei schon 1946 in der SED zwangsvereinigt und ab 1948 von den sowjetischen Stasi-Stellen überaus systematisch verfolgt und repressiert worden waren, hatten als demokratisch gesinnte Arbeitervertreter einen schweren Stand. Demokratische Arbeit ist immer öffentlich und die Staatssicherheit konnte das für sich nutzbar machen. Das Dokument ist ebenfalls ein kurz nach Stasi-Inhaftierung erstellter stasi-interner Fallbericht, in dem die illegale Stasi-Postüberwachung eine große Rolle spielt.

Am Tage der Festnahme wurde der Vorgang von der Abt. IX der BV Erfurt übernommen. Wegen Verbrechen nach § 19, Abs. 1, Ziff. 2 StEG erhielt der Beschuldigte am 10.3.1959 Haftbefehl.
In den Monaten September/Oktober 1956 wurden in der Gemeinde 5 Hetzlosungen mit Kreide angeschmiert.
Im Januar 1957 wurden wiederholt von diesem Ort antidemokratische Losungen wie „Nieder mit der SED“, „Einheit in Freiheit“, „Freie Wahlen“, „Wir fordern die SPD“, „Freiheit SPD“, „Weg mit Ulbricht“ usw. festgestellt.
Daraufhin wurde ein U-Vorgang angelegt. Da die Täter nicht ermittelt werden konnten, erfolgte am 11.9.1957 dessen Einstellung.
Im September 1958 wurde durch die Abteilung M ein Brief von einem gewissen Y. aus Essen an den Beschuldigten fotokopiert, in welchem Y., den X. belastet, Hetze gegen SED Funktionäre u.a. auch gegen Walter Ulbricht betrieb und auch die Hetzlosungen in Ballhausen mit angebracht zu haben. Durch diese Tatsache wurde am 8.11.1958 ein Gruppenvorgang mit dem Ziel eingeleitet, mehrere in Verdacht stehende Personen ihrer feindlichen Handlungen zu überführen.
Im Januar 1959 wurde vom Bürgermeister über den Beschuldigten bekannt, dass derselbe den OPO-Sekretär P. in folgender

Form bedrohte: „Ich will dir einen guten Rat geben, hau bloß aus Ballhausen ab, am besten du gehst nach dem Westen, du hast uns alle ins Unglück gestürzt, du weißt doch, dass du die meisten Bauern in die LPG gebracht hast, da kannst du dir auch ausrechnen was passiert, wenn es einmal anders kommt.“ Y. betätigt das in seiner zeugenschaftlichen Vernehmung klar.

Daraufhin wurde X. festgenommen, um vor allem die Initiatoren der Feindtätigkeit in Ballhausen und seine eigenen verbrecherischen Handlungen aufzuklären.

Bei der geführten Hausdurchsuchung wurden u.a. zwei Hetzflugblätter des Ostbüros der FDP und eine Hetzschrift, des Ostbüros der SPD sowie, vom Beschuldigten handschriftlich niedergeschriebene antidemokratische Losungen, die jedoch nicht mit den geschmierten Losungen in Ballhausen übereinstimmen, gefunden.

Während der Durchsuchung wurde vor allem auf dem Originalbrief von Y. aus Essen Hauptaugenmerk gelegt, der aber nicht gefunden werden konnte. Beim Einschalten des Radios wurde festgestellt, dass der Hetzsender RIAS eingestellt war.

Die bisherige Untersuchung ergab folgendes:

Seit 1957 betrieb der Beschuldigte gegenüber anderen Bürgern staatsgefährdende Propaganda und Hetze gegen den 1. Sekretär des ZK der SED Walter Ulbricht.

So bezeichnete er den Gen. Walter Ulbricht in Gaststätten und in anderen Gesprächen in seinem Wohnort als „Spitzbart“.

Er äußerte weiter in der Gemeinde Ballhausen: „Der Spitzbart ist nicht derjenige, den wir gebrauchen können“.

Im Jahre 1957 versuchte X. durch negative Diskussionen seine Schwester vom Eintritt in die LPG abzuhalten.

Er äußerte sich ihr gegenüber, dass es das beste wäre, sie würde der LPG nicht beitreten, da ihr jegliches Privateigentum abgenommen würde. Die Folge dieser negativen Beeinflussung war, dass seine Schwester vom Eintritt in die LPG Abstand nahm.

Die Motive der Handlungen des Beschuldigten konnten noch nicht geklärt werden.

In der weiteren Untersuchung ist geplant vor allem Zeugen zu vernehmen, die die staatsfeindliche Tätigkeit des Beschuldig-

ten bestätigen können und seine Verbindungen zu YY., der im Jahre mit seiner Familie republikflüchtig wurde, konkret zu untersuchen.
Ziel der Bearbeitung ist, herauszufinden, wer die Losungen schmierte.

Stasi-interner Sachstandsbericht zum Untersuchungsvorgang, vom 16.3.1959, BStU, MfS, BV Erfurt, Allg. S 26/63, Bl. 377–379

82. MfS-Sachstandsbericht über „Mordhetzer“ der die Justizministerin als „Flintenweib“ bezeichnet

Auch dieser kurz nach Inhaftierung von Stasi-Vernehmern verfasste Sachstandsbericht zeugt von der Kriminalisierung kritischer Bürger und ist typisch für den Charakter politischer Strafgründe. Typisch ist auch das Vorhandensein eines einzelnen „fortschrittlichen“ Belastungszeugen. Das Erstverhör (hier am 4. Mai vor Ort in der Kreisdienststelle und mit Fluchtversuch) führten die Stasi-Offiziere in der Regel solange, bis der Verhörte ein erstes Schuldeingeständnis leistete. Verschiedene Zeitzeugen erinnern sich heute an ermüdende Verhördauer und überdurchschnittlichen Druck. Ob dies auch im geschilderten Fall zutraf und wie das weitere Schicksal des Mannes war, ist unbekannt.

Der Vorgang wurde am 4.5.1959 von der Abteilung IX der BV Erfurt übernommen. Der Beschuldigte unternahm in der Kreisdienststelle Arnstadt während der Vernehmung einen Fluchtversuch und leistete dabei während der Vernehmung Widerstand gegen mehrere Mitarbeiter dieser Dienststelle, die den Beschuldigten von seinem Vorhaben abhielten.
Ferner verursachte er Sachbeschädigung, indem er ein Fenster zertrümmerte, aus dem er fliehen wollte.

Am 5.5.1959 wurde ein Haftbefehl nach § 19, Abs. 1, Ziff. 2 StEG und § 113 in Verbindung mit § 74 StGB verkündet.
In der operativen Bearbeitung wurde festgestellt, dass der Beschuldigte seit dem faschistischen Putschversuch 1953 in der DDR laufend gegen die Politik der Regierung der DDR und gegen die 1. Sekretär des ZK der SED sowie gegen den Minister für Justiz staatsgefährdende Propaganda und Hetze betreibt.
Am 17. Juni 1953 brachte er gegenüber den 1958 verstorbenen Lokheizer und dessen Sohn seine Feindschaft zur DDR und Oder-Neiße-Friedensgrenze zum Ausdruck, indem er äußerte: „Jetzt ist endlich die Zeit gekommen, wo es anders wird und diese Oder-Neiße-Grenze beseitigt wird."
Als der faschistische Putschversuch niedergeschlagen war, erklärte er den obengenannten Personen: „Schade ist es, dass es nicht klappte. Ferner steht er im dringenden Verdacht am 16. oder 18.6.1953 das Emblem der DSF *[= Deutsch-Sowjetische Freundschaft]* von seiner Lok 941505 entfernt zu haben. Das äußerte er gegenüber dem Zg. *[= Zeugen]* vom B.W. *[= Bahnbetriebswerk]* Arnstadt.
Er hetzte seither gegen fast alle politischen Maßnahmen der Regierung der DDR. Selbst über Preissenkungen brachte er seine feindliche Haltung zum Ausdruck, indem er abfällig behauptete: „Na die wollen damit ja nur ihre Ladenhüter loswerden."
Im besonderen richteten sich seine gegnerischen Diskussionen gegen die Regierungsmitglieder Gen. Walter Ulbricht und Hilde Benjamin. Der Beschuldigte bezeichnete Gen. Walter Ulbricht grundsätzlich als „Spitzbart", dem er auf Grund seiner Politik, jedes Haar seines Bartes einzeln ausrupfen möchte.
Den Minister für Justiz Hilde Benjamin betitelte er als „Flintenweib", die furchtbare Gesetze über das Volk veröffentlichen würde. Im Jahre 1958 betrieb er gegen Staatsfunktionäre Mordhetze als er gegenüber Holzfällern erklärte in Paulinzella/Th.-Wald erklärte, „die, von der Regierung müsste man alle aufhängen". Dieses konnte bisher nur inoffiziell ermittelt werden.
Der vernommene Zeuge Y. bestätigt jedoch einen großen Teil der von ihm betriebenen Hetze.

Bei der durchgeführten Hausdurchsuchung wurden keine wesentlichen Beweismittel, die die staatsfeindlichen Handlungen des Beschuldigten dokumentieren, sichergestellt.

Die bisherige Untersuchung hatte folgendes Ergebnis:
Der Beschuldigte gibt zu, seit 1953 Hetze gegen die DDR und gegen Mitglieder der Regierung der DDR betrieben zu haben. Weitere Hetze bestreitet er noch.
Über die Motive sagte er bisher nur aus, dass er stark von westdeutschen Hetzsendungen gegen die DDR beeinflusst wurde, die er regelmäßig abhörte und seine Gegnerschaft auf andere Personen übertragen wollte, bzw. diese negativ zu beeinflussen.
In der weiteren Bearbeitung dieses Vorgangs ist geplant, vor allen durch Zeugenaussagen seine Beteiligung am 17. Juni 1953 und die weiteren staatsfeindlichen Handlungen zu beweisen. Sollten keine neuen wesentliche Gesichtspunkte auftreten, wird der Vorgang baldmöglichst abgeschlossen.

Stasi-interner Sachstandsbericht zum Untersuchungsvorgang, vom 14.5.1959, BStU, MfS, BV Erfurt, Allg. S, Nr. 26/63, Bl. 284–286

83. MfS-Sachstandsbericht über Inhaftierung eines Verteilers von „staatsgefährdenden“ West-Illustrierten

Die Einführung und Weitergabe westlicher Presse war SED-Ideologen ebenso ein Dorn im Auge wie das Hören westlicher Radiosender, konnte aber weitaus besser unterbunden, nachgewiesen und verfolgt werden. Das MfS nahm den Mechaniker aus Arnstadt fest und legte eine Woche später einen Bericht zum Stand des Falles und weiteren Ermittlungszielen an. Sein weiteres Schicksal ist unbekannt.

Der Vorgang wurde am 24.8.1959 von der Abteilung IX übernommen. Auf Grund dessen, dass die beiden Haftrichter am

25. 8. 1959 nicht zu erreichen waren, wurde der Haftbefehl erst am 26. 8. 1959 ausgestellt.
Er wurde in den Ü.-Vorgang *[= Überprüfungsvorgang]* 63/58 der Kreisdienststelle Arnstadt operativ bearbeitet. Aus dem Material ging hervor, dass der Beschuldigte seit mehreren Jahren aus Westberlin illegal eine größere Anzahl von Westillustrierten in das Gebiet der DDR einschleuste. Die Illustrierten enthielten zum größten Teil übelste Hetze gegen die DDR, die Sowjetunion und die volksdemokratischen Staaten. Der Beschuldigte verbreitete diese Illustrierten sowie Hetzartikel aus westdeutschen Tageszeitungen an ca. 10 Personen weiter. Es besteht weiterhin der Verdacht, dass er mit Mitarbeitern des Siemens-Konzerns, dem er vor 1945 selbst als Meister angehörte, in Verbindung steht und diesem Spionageangaben aus dem VEB „Chema" übermittelte.
Bei der durchgeführten Hausdurchsuchung wurden zahlreiche Westillustrierte, die Hetze beinhalten, sichergestellt.
Außerdem befand sich unter den persönlichen Schriftstücken des Beschuldigten eine Bewerbung aus dem Jahre 1958 beim Siemens Konzern in Westberlin.
In der bisherigen Untersuchung gab der Beschuldigte zu, dass er seit dem Jahre 1954 zahlreiche Westillustrierte, die teilweise Hetze gegen die DDR enthielten, illegal in die DDR einschleuste. Es handelte sich um die „Konstanze" sowie „Bunte Illustrierte". Obwohl dem Beschuldigten die Strafbarkeit seiner Handlungsweise bekannt war, verbreitete er diese Westillustrierten in Arnstadt noch an ca. 10 Personen weiter. Die Westillustrierten hatte der Beschuldigte von seiner Schwester Berlin-Neukölln, [...] bei Besuchen erhalten und teilweise am Körper versteckt nach Arnstadt gebracht. Eine Verbindung zu Mitarbeitern des Siemens-Konzerns und die Übergabe von Spionageangaben bestreitet der Beschuldigte bisher noch hartnäckig.
In der weiteren Bearbeitung des Vorganges ist geplant, den Beschuldigten zu überführen, dass er mit dem Siemens-Konzern in Verbindung stand und die Absicht hatte, das Gebiet der DDR zu verlassen.

Auf die operativ vorhandenen Hinweise über eine eventl. Spionagetätigkeit wird größter Wert gelegt, mit dem Ziel, dem Beschuldigten diese verbrecherische Tätigkeit nachzuweisen. Den Motiven des Täters sowie die Feststellung von Zeugen wird in der Bearbeitung des U.-Vorganges ebenfalls großes Augenmerk gewidmet.

Stasi-interner Sachstandsbericht zum Untersuchungsvorgang, vom 1.9.1959, BStU, MfS, BV Erfurt, Allg. S, Nr. 26/63, Bd. o. Nr. ,Bl. 150–152

84. MfS-Sachstandsbericht zu Haftbefehl wegen „Schädlingstätigkeit“

Hintergrund dieser Sabotageverfolgung war die DDR-weite Kampagne für die vollständige Zwangsvergenossenschaftlichung der Bauernhöfe. Auch diesen Fall hatte die Staatssicherheit noch längst nicht abgeschlossen, sodass das Schicksal des Betreffenden unbekannt bleibt, eine Haftstrafe hat es sicher gegeben.

Der Vorgang wurde am 19.10.1959 von der Abt. IX übernommen. Der Haftbefehl war bereits am 17.10.1959 ausgestellt worden, so dass die Festnahme mit Haftbefehl erfolgte.
Der Beschuldigte wurde von der KD- Sondershausen operativ bearbeitet. Aus dem Material ging hervor, dass er als Leiter der staatlichen Bauaufsicht beim Kreisbauamt Sondershausen in seiner Tätigkeit gegen die in seinem Aufgabenbereich bestehenden gesetzlichen Bestimmungen gehandelt hat. So hemmte er die Entwicklung des sozialistischen Sektors in der Landwirtschaft auf dem Gebiete des Bauwesens, während er private Bauvorhaben begünstigte und förderte.
Die Anträge verschiedener LPG'en, wie Holzthalleben, Ebeleben, Großbernten usw. im Kreise Sondershausen zur Erteilung der Baugenehmigungen, die Anfang 1958 gestellt wurden, hintertrieb er bewusst. Durch die Verzögerung dieser Anträge auf

eine längere Zeit konnte erst verspätet mit den Bauten begonnen werden.
Die vorgenannten Handlungen wurden unter anderem bereits durch Zeugen, die von der Abteilung IX vernommen wurden, bestätigt.
Verschiedentlich wurde von ihm sogar angeordnet, dass mehrere derartige Bauvorhaben eingestellt werden sollten. Weiterhin wurde bekannt, dass X. in seiner Wohnung die Hetzsendungen des westdeutschen Fernsehfunks an andere Personen weiterverbreitete.
Bei den durchgeführten Hausdurchsuchungen konnten eine große Anzahl Bücher faschistischen- militärischen Inhalts sichergestellt werden. Außerdem wurde ein Heft mit Aufzeichnungen neuester Art über die Programme des westdeutschen Fernsehfunks gefunden.
In der bisherigen Untersuchung gab der Beschuldigte X. zu, dass er mit der faschistischen Ideologie noch nicht gebrochen hat und deshalb mehr als 66 Bücher, deren Inhalt zum größten Teil üble Kriegshetze darstellte, trotz Verbot aufbewahrte. Er hat nach 1945 noch verschiedene dieser Bücher gelesen und auch an andere Personen weitergegeben.
Auf Grund seiner gegnerischen Einstellung informierte sich der Beschuldigte seit mehreren Jahren über die Programme des Westfernsehens. Dazu gehörten auch die Nachrichten, Tages- und Wochenschauen sowie der berüchtigte Film „Soweit die Füße tragen.“ – die zum großen Teil gemeine Hetze enthielten. Während X. zugibt, dass zu mehreren allgemeinen Westfernsehsendungen noch andere Personen außer seinen Familienangehörigkeiten waren, bestreitet er dies bei den vorgenannten Sendungen ganz entschieden.
Bezüglich der angeführten Belastungen gegen X. als Leiter der staatlichen Bauaufsicht bestreitet dieser zur Zeit noch eine vorsätzliche Hemmung der sozialistischen Landwirtschaft auf dem Gebiete des Bauwesens. Auf Grund seiner falschen Arbeitsweise wurde der Beschuldigte am 30. 9. 1959 als Leiter der staatlichen Bauaufsicht abgelöst, nachdem er am 3. 9. 1959 aus der Partei gestrichen worden war. Dadurch sind X. ein Großteil

der gegen ihn vorliegenden Belastungen genauestens bekannt geworden.
Er stritt bisher jedoch eine vorsätzlich falsche Handlungsweise ab und versuchte diese als Fehler, die infolge seiner Überbelastung entstanden wären, abzuschwächen.
In der weiteren Bearbeitung des U-Vorgangs ist geplant, den Beschuldigten zu überführen, dass er vorsätzlich die sozialistische Entwicklung in der Landwirtschaft hintertrieb und Privatbauten unterstützte. Hierbei ist es erforderlich, besonders die schädlichen Auswirkungen sowie das Motiv dieser verbrecherischen Handlungsweise des Beschuldigten herauszuarbeiten und diese durch offizielle Beweismittel zu belegen. Zur Begutachtung des Schadens der durch X. der Volkswirtschaft der DDR zugefügt wurde, ist seit dem 26.10.1959 eine Sachverständigen Kommission aus Fachexperten eingesetzt. Leiter dieser Kommission ist der Vorsitzende der staatlichen Bauaufsicht beim Ministerium für Bauwesen Gen. Y.

Stasi-interner Sachstandsbericht zum Untersuchungsvorgang, vom 27.10.1959, BStU, MfS, BV Erfurt, Allg. S, Nr. 26/63, Bd. O. Nr., Bl. 97–99

85. MfS-Sachstandsbericht über Spionageverfahren gegen einen DDR-Rückkehrer

Der folgende Bericht schildert den Fall eines NVA-Soldaten, der in die BRD geflüchtet war, sich aber später für eine Rückkehr in die DDR entschied. Kaum dort angekommen, nahm ihn die Stasi kurzerhand im Aufnahmelager Eisenach fest, als sich herausstellte, dass er im Westen von „Sichtungsstellen“ etc. befragt worden war. Es war typisch, dass Menschen mit (mehr oder weniger) brisanten beruflichen Kenntnissen auf diese Weise in die Konstellationen des „Kalten Krieges“ gerieten und mit oftmals hohen Spionage-Strafurteilen zu Opfern einer Abschreckungs- und Propagandapolitik wurden.

Der Vorgang wurde am 2. 11. 1959 von der Abteilung IX übernommen. Die Ausstellung des Haftbefehls erfolgte am 3. 11. 1959 nach § 14 StEG *[= Strafrechtsergänzungsgesetz]*.
Der Vorgang wurde nicht operativ bearbeitet. Bei den Durchsuchungen wurden keine Beweismittel gefunden.
Die bisherige Untersuchung hatte folgendes Ergebnis:
Der Beschuldigte flüchtete am 19. Januar 1959 als Angehöriger der AZKW *[= Amt für Zoll und Kontrolle des Warenverkehrs]*, Grenzkontrollamt Probstzella, gemeinsam mit seiner Ehefrau und seiner 15-jährigen Schwägerin nach Westberlin, um zu sei nen Schwiegereltern zu gelangen.
Dieselben waren im September 1958 republikflüchtig geworden.
In Westberlin suchte er das Flüchtlingslager Marienfelde auf und machte umfangreiche Aussagen über seine Erkenntnisse und Tätigkeit bei der NVA/See und beim AZKW Probstzella. Insgesamt suchte er 11 Geheimdienststellen auf.
Es handelt sich um die drei ausländischen Sichtungsstellen und den westdeutschen Geheimdienst im Lager Marienfelde, um das US-Haus in der Clay-Allee und um eine amerikanische Villa in der Busse-Straße oder Busse-Allee.
Ferner war er beim englischen Geheimdienst in der Nähe des Olympia-Stadions, sowie bei einer weiteren englischen Dienststelle im Hauptgebäude des Flugplatzes Tempelhof.
Außerdem war er in einem Mietshaus, Straße unbekannt, bei einem Mitarbeiter des französischen Geheimdienstes, sowie in einer großen roten Backsteinvilla, wobei es sich um die KgU *[= Kampfgruppe gegen Unmenschlichkeit]* gehandelt haben soll.
Bei sämtlichen Stellen wurde der Beschuldigte über Spionageinformationen vernommen, auch im Westberliner Polizeipräsidium, Zimmer 553 oder 556.
Er berichtete über seine Zugehörigkeit zu den Seestreitkräften der DDR, und machte Angaben über die Dienststellen, bei denen er im einzelnen war, über die Standorte der eingesetzten Boote, dass diese mit den Ostseehäfen identisch seien. Weiter über die

Ausrüstung, über das Nachrichtenwesen, sowie über sowjetische U-Bootjäger.
Auch über den Dienstablauf, die Kontrollfahrten, sowie über die Hydroakustik und Schiffstypen machte er Angaben. Ebenso ausführlich wurde der Beschuldigte über das AZKW vernommen. Er berichtete über die Struktur und über die Stärke des GKA *[= Grenzkontrollamtes]* Probstzella, charakterisierte die Offiziere und sagte über den gesamten Dienstablauf, die vorhandene Diensträume, die Bewaffnung und Kontrolle aus.
Darüber hinaus nannte er die Schulungsthemen und schilderte die Dienstgrade und Uniformen und wie sich dieser beim AZKW unterscheiden. Ganz besonders wurde er auf Mitarbeiter des Ministeriums für Staatssicherheit bei den Seestreitkräften und beim AZKW, vernommen.
Aus Unkenntnis will er darüber keine konkreten Angaben gemacht haben.
Weitere Personen sind bisher in dem vorliegenden Vorgang nicht belastet.
In der weiteren Untersuchung ist geplant, den Beschuldigten sämtlicher Spionageangaben zu überführen, diese durch ein Gutachten von Mitarbeitern der AZKW GKA Probstzella beweisen zu lassen. Durch Arbeitsprotokolle sollen sämtliche, von den Beschuldigten aufgesuchten Geheimdienststellen für die Abteilung II zur Auswertung erarbeitet werden. Desweiteren soll der Vorgang mit den Mitarbeitern des AZKW in Probstzella ausgewertet werden.

Stasi-interner Sachstandsbericht zum Untersuchungsvorgang, vom 7.11.1959, BStU, MfS, BV Erfurt, Allg. S, Nr. 26/63, Bd. o. Nr., Bl. 86–88

86. MfS-Sachstandsbericht über Festnahme eines anonymen Anrufers

Der Bericht schildert die ersten Verhörergebnisse eines kurz zuvor von der Stasi festgenommenen Arbeiters aus Arnstadt.

Die Festnahme erfolgte, weil der Beschuldigte im dringenden Verdacht stand, seit ca. 1 1/2 Jahren fortschrittliche Bürger und führende Ärzte von Arnstadt sowie die dortige Kreisdienststelle unseres Ministeriums durch anonyme Anrufe bedroht zu haben.
Ferner hatte eine am 10.11.1959 durchgeführte Fangkontrolle durch das Fernmeldeamt Arnstadt offiziell den Beweis erbracht, dass er in dieser Nacht einen fortschrittlichen Bürger unter Benutzung seines Telefonapparates anonym bedroht hatte.
Die Ausstellung des Haftbefehls erfolgte am 12.11.1959 nach § 19 Abs. 1 Ziff.2 StEG.
Bei der durchgeführten Hausdurchsuchung wurde außer einem Telefonbuch, wo einige Nummern von Arnstädter Ärzten unterstrichen sind, nichts wesentliches vorgefunden.
Dem Vorgang lag kein Operativmaterial zugrunde.

Die bisherige Untersuchung ergab folgendes:
Der Beschuldigte sagte nach längerem Leugnen zuerst aus, dass er seit etwa einem halben Jahr anonyme Anrufe in Arnstadt durchgeführt hat. Er gab dabei weiter zu, dass diese Telefonate Drohungen enthielten und Worte wie „Bolschewistenknecht", „Kommunistenknecht", „deine Zeit ist bald vorbei" und „dein Leben ist nur noch kurz" zum Inhalt hatten.
Der Beschuldigte behauptete dabei, dass er zu diesen Handlungen von einem gewissen Y., der früher Faschist und zuletzt Angehöriger der verbotenen Sekte „Zeugen Jehovas" gewesen sei, angestiftet und beauftragt worden wäre. In diesem Zusammenhang sagte er weiter aus, dass Y. im März/April dieses Jahres flüchtig geworden wäre und dass er dann im September

von einer gewissen W. beauftragt worden wäre, diese verbrecherische Tätigkeit fortzusetzen. Diese Person sollte angeblich auch Angehörige dieser verbotenen Sekte sein.
Inzwischen hat er einen Teil seiner Aussagen widerrufen. Er gibt zu, dass er der Anrufer der anonymen Telefonate war, sagt aber, dass er für diese Tätigkeit keinen Auftraggeber hatte und auf Grund seiner gegnerischen Einstellung diese Handlung durchführte.
Der erwähnte Y. habe ihm lediglich einen Tipp gegeben, wo er diesem mitgeteilt hatte, dass er mit dem Leiter der VEAB *[= Volkseigener Erfassungs- und Auskaufbetrieb, zuständig für den Zwangsaufkauf bäuerlicher u.a. Produkte]* von ernstliche Differenzen habe. Y. hätte durch betreffende Gesten ihm zu verstehen gegeben, dass man auf anonyme Art und Weise den Menschen mit einer fortschrittlichen Einstellung den besten moralischen Schlag versetzen könnte.
Er sagte inzwischen weiter aus, dass er seit etwa Mai/Juni 1958 diese anonymen Anrufe durchgeführt und gibt praktisch alle diesbezüglichen Handlungen, die in dieser Zeit in Arnstadt anfielen zu.
Wie seine ablehnende Haltung zur Deutschen Demokratischen Republik zustande kam, ist noch nicht geklärt. In der weiteren Untersuchung ist geplant, in kürzester Frist die bedrohten Personen zeugenschaftlich zu vernehmen und insbesondere bei den Ärzten und deren Familienangehörigen auf die Folgen und Auswirkungen dieser anonymen Anrufe einzugehen.
Der Vorgang soll vorfristig abgeschlossen und entsprechend seiner Bedeutung ausgewertet werden.
Zu bemerken ist, dass er an generalisierten Krampfanfällen und an einer chronischen Struma leidet, was die Untersuchung erschwert.

Stasi-interner Sachstandsbericht zum Untersuchungsvorgang, vom 25.11.1959, BStU, MfS, BV Erfurt, Allg. S, Nr. 26/63, Bd. O. Nr., Bl. 66–68

87. MfS-Sachstandsbericht zu Ermittlungen wegen „Untergrundarbeit“

Da ein Zahnarzt aus Weimar Mitglied in einer „Untergrundgruppe“ gewesen sein soll, wurde er von der Stasi festgenommen. Der stasiinterne Zwischenbericht macht die Rolle einer Stasi-Zuträgerin im Kontext des von den Stasi-Stellen inzwischen stärker aufgebauten Spitzelsystems deutlich. Das weitere Schicksal aller Genannten ist in den Unterlagen, die für Forschungszwecke zugänglich sind, nicht ersichtlich.

Der Vorgang wurde am 11.3.1960 von der Abteilung IX Erfurt übernommen und der Haftbefehl am 12.3.1960 erlassen.
Als Belastungen bei der Festnahme lagen die GI-Berichte *[= Geheime Informatorin]* seiner Haushälterin vor, die besagten, dass X. laufend Westsendungen hört, von anderen Personen schriftlich Sendezeiten mitgeteilt bekam, dass er in einem negativen Personenkreis in seinem Betrieb diese Sendungen verbreitet, dass sie westliche Zeitschriften gegenseitig austauschen, dass er seine Tonbänder mit westlichen Hetzsendungen im Bekanntenkreis abspielt und dass er in letzter Zeit dreimal von Westdeutschland Hetzflugblätter zugesandt bekam, die er zum Teil vervielfältigte und ihm bekannten Personen im Betrieb zugänglich machte. Er fertigte die Abschriften selbst an und hatte Vorbereitungen getroffen, dieses Material an ihm bekannte Personen außerhalb Weimars zu verschicken.
Es war bekannt, dass er Verbindung zu einem am 17.6.1953 negativ im Werk in Erscheinung getretenen Kontrolleur unterhält. Weiterhin soll er zu einem staatsfeindlich eingestellten Antiquitätenhändler aus Weimar Verbindung haben, mit dem er ebenfalls gemeinsam Hetze betrieb.

Bei der Festnahme und Hausdurchsuchung wurden folgende Beweismaterialien sichergestellt:

Sieben Stück zwei verschiedenartige, selbstvervielfältigte

Hetzschriften, mit Hetze gegen Walter ULBRICHT und ehemalige NSDAP-Mitglieder im Staatsapparat. Eine Hetzschrift über die Organisierung von Untergrund und ideologischer Zersetzungstätigkeit. Sechs adressierte Briefkuverts, die zum Versand der Hetzschriften vorgesehen waren. Fünf Tonbänder mit hetzerischem Inhalt (Insulaner-Sendungen, Frühschoppen und selbstgebrauchte hetzerische Redensarten.)
Zwei westliche Illustrierte und einige Hetzartikel aus Westzeitungen.
Ein Zettel mit Sendezeiten westlicher Rundfunksender und Zettel mit den Wellenlängen dieser Sender.
Zwei Briefumschläge, in welchen er aus Westdeutschland Hetzschriften zugesandt bekam.

Der Beschuldigte gab in bisherigen Vernehmungen zu, dass er laufend Westnachrichten hörte und diese unter seinen Bekannten und im Kollegenkreis im Betrieb verbreitete, dass er einigen Bekannten seine Hetztonbänder vorspielte, dass er selbst Hetzschriften durch die Post erhielt und diese zum Teil vervielfältigt hat und anderen Personen zugänglich machte, sowie noch weitere verschicken wollte.
Er gibt zu, dass er öfters von Bekannten im Betrieb und aus Westdeutschland Zeitungen und Zeitschriften erhielt, die dann untereinander ausgetauscht wurden. Sein Ziel war es, andere Personen zu beeinflussen und auf einen Sturz der Regierung der DDR-Regierung vorzubereiten.
In diesem Zusammenhang gibt er zu, dass er schon seit 1953 Verbindung mit einem im Mähdrescherwerk beschäftigten Kollegen Y. hat, der ebenfalls eine feindliche Einstellung besitzt und schon während des 17. 6. 1953 eine aktive feindliche Rolle gespielt haben soll, indem er zum Beispiel Geldsammlungen für Angehörige der damals verhafteten Putschisten durchführte.
Weiterhin hat er engen Kontakt mit seiner Assistentin, die ebenfalls eine feindliche Einstellung besitzen soll und verbreitete untereinander Hetznachrichten und feindliche Ansichten.

Er unterhielt auch bekanntschaftliche Verbindungen zu einem Antiquitätenhändler, der gleichfalls Hetze betrieb und außerdem Antiquitäten nach Westberlin verschiebt.

Als weitere Maßnahmen sind geplant:
Kontrollfestnahmen der Personen Y. und Z. durchzuführen, um den Vorgang zu seiner Liquidierung zu bringen.
Die Personen, welchen der Beschuldigte Hetzschriften zusenden wollte und die ihm persönlich gut bekannt waren, werden konspirativ aufgeklärt.
Es befinden sich darunter z. B. der bereits vor mehreren Jahren wegen Staatsverbrechen verhaftet gewesene Parteifeind P. aus Halle, mit dem er wieder Verbindung unterhält.

Stasi-interner Sachstandsbericht zum Untersuchungsvorgang, vom 19.3.1960, BStU, MfS, BV Erfurt, Allg. S, Nr. 26/63 Bd. 3, Bl. 451–454

88. MfS-Sachstandsbericht über inhaftierten LPG-Verweigerer mit NS-Vergangenheit

NS-Verbrecher waren in der Stasi-Strafverfolgung die Ausnahme, derartige Fälle auf die Zeit der frühen 60er-Jahre beschränkt. Ausgangspunkt für derartige Ermittlungen waren in Erfurt in fast allen Fällen aktuelle politische Vorwürfe, wie hier die Verweigerung der Zwangskollektivierung.

Der Vorgang wurde am 5.4.1960 von der Abteilung IX der BV. Erfurt übernommen.
Der Haftbefehl war bereits am 4.4.1960 wegen § 211 StGB ausgestellt und gleich nach seiner Inhaftierung verkündet worden.
Op. *[= Operatives]* Material lag der Inhaftierung nicht zugrunde.
Während der sozialistischen Umgestaltung im Kreis Arnstadt wurde der dort eingesetzten Brigade von ihm besonders Widerstand entgegengesetzt, indem er sich weigerte, Mitglied der LPG zu werden. Als die eingesetzten Genossen nähere Erkundigungen einzogen, konnten sie in Erfahrung bringen, dass er seit

1945 sich im Ort aufhält und vorher dort nicht bekannt war. Unter der Bevölkerung waren Unterhaltungen im Umlauf, dass der Genannte vor 1945 der SS angehört haben soll und zu den Bewachungsmannschaften des KZ Buchenwald gehört hat. Daraufhin wurden auf Anweisung der Kreisleitung der SED durch die VPKA *[= Volkspolizei-Kreisamt]* Arnstadt Befragungen mit ehemaligen politischen Häftlingen des KZ Buchenwald durchgeführt. Diese ergaben, dass er in dem genannten KZ als SS-Hauptscharführer war und dort unter den Insassen als berüchtigter Schläger bekannt gewesen ist.
Desweiteren gaben die Genossen auch an, dass er an Ermordungen von Kriegsgefangenen teilgenommen hat. Daraufhin wurde der Vorgang auf Weisung der Leitung der Bezirksverwaltung von der Abteilung IX übernommen und vorher Haftbefehl erwirkt.
Bei der durchgeführten Hausdurchsuchung konnten außer einigen Schallplatten mit faschistischen Liedern keine weiteren belastenden Materialen sichergestellt werden.

Die bisherigen Vernehmungen des Beschuldigten ergaben folgenden Sachverhalt:
Er trat im Jahre 1932 der SS und der NSDAP bei. Im Jahre 1934 wurde er von der SS als Hilfspolizist herangezogen und kam in dem damaligen KZ Lichtenburg zum Einsatz. Dort war er als SS-Oberscharführer und mit der Besichtigung von politischen Häftlingen betraut. Er gibt zu, dass er schon in Lichtenburg sich an Misshandlungen von inhaftierten Personen beteiligte.
Nach Bildung des KZ Buchenwald kam er mit einem Transport politischer Häftlinge in dieses Lager. Dort war er als Kommandoführer bei Bauarbeiten in Großobringen, dem Bau der SS-Siedlungen und in der Wäscherei des Lagers eingesetzt.
In seine bisherigen Vernehmungen bestätigt der Beschuldigte, dass er sich ständig an den Auspeitschungen, an dem Erhängen und 1941 auch an Erschießungen beteiligt hat. Im einzelnen will er sich an seine verübten Verbrechen nicht mehr erinnern können. Er bestätigt jedoch, dass er an Auspeitschungen und anderen Misshandlungen von politischen Häftlingen laufend teilge-

nommen hat und erklärt, dass die Möglichkeit besteht, dass an den Folgen dieser Misshandlungen auch Personen verstorben sind.
Im Jahre 1941, als die ersten sowjetischen Kriegsgefangenen in das Lager kamen, wurde er dem berüchtigten Sonderkommando 99 der SS zugeteilt. Bisher will er an etwa 60 Erschießungen sowjetischer Kriegsgefangener teilgenommen haben. Die Erschießungen wurden durch das genannte Kommando im Pferdestall des Lagers Buchenwald mittels einer Genickschussanlage durchgeführt.
Er gibt an, dass er bei derartigen Aktionen damit beauftragt worden war, im Zimmer, wo die Erschießungen durchgeführt wurden, den zu erschießenden Personen eine ärztliche Untersuchung vorzutäuschen.
Nach den Aussagen des Beschuldigten will er Ende 1941 bzw. Anfang 1942, des genauen Zeitpunktes will er sich nicht erinnern, zu einer SS-Einheit in Pietsch im Saarland versetzt worden sein. Dort ist er angeblich mehrere Monate in militärischer Hinsicht ausgebildet worden. Danach kam er in das sogenannte Heidelager, was in der heutigen Volksrepublik Polen liegt. In diesem Lager wurde nach seinen Angaben die 20. SS-Division zusammengestellt. Bei dieser Einheit handelte es sich um sogenannte estnische und lettische Freiwillige, die mit deutschen SS-Leuten durchsetzt wurden. Diese wurden in der genannten Einheit als Offiziere und Unterführer eingesetzt.
Mit der 20. SS-Division kam er in Estland und Lettland in Einsatz zu regulären Kampfhandlungen, wie er angibt. Über die von dieser Einheit in der Sowjetunion verübten Verbrechen und welche Rolle er dabei spielte, sagte der Beschuldigte bisher noch nicht aus.
In der bisherigen Untersuchungsarbeit wurden außer den Vernehmungen des Beschuldigten 5 Zeugenvernehmungen durchgeführt.
Bei den vernommenen Zeugen handelt es sich um 3 deutsche Genossen, die längere Zeit im KZ Buchenwald als Häftlinge einsaßen, und um 2 österreichische Bürger, die wegen ihrer Betätigung in der Kommunistischen Partei Österreichs von 1938

bis 1945 im KZ Buchenwald inhaftiert gewesen sind. Die beiden Letztgenannten wurden anlässlich des 15. Jahrestages der Befreiung, wo sie an den Feierlichkeiten in Weimar teilnahmen, vernommen.
Die Zeugen sagten übereinstimmend aus, dass er unter den meisten Häftlingen des KZ als einer der berüchtigsten Schläger bekannt war. Er hat an Auspeitschungen und Erhängungen von Personen teilgenommen, an deren Folgen auch inhaftierte Personen verschieden sind. Es konnte bisher durch 2 Zeugenaussagen klar bewiesen werden, dass er dem Sonderkommando 99 angehörte und an den Verbrechen dieses Kommandos teilgenommen hat.
In der weiteren Bearbeitung des Vorgangs macht es sich erforderlich, noch eine größere Anzahl zu vernehmen, die über die Verbrechen des Beschuldigten im KZ Lichtenburg und Buchenwald Aussagen machen können.
Von den bisher vernommenen Personen wurde uns schon eine Reihe Personen genannt, die in nächster Zeit vernommen werden.
Bezüglich seines Einsatzes in Estland und Lettland ist geplant, durch die Leitung der Bezirksverwaltung Ermittlungen einzuleiten, um Angaben über die Verbrechen der 20. SS-Division zu erhalten.
Bei Auftauchen neuer Ergebnisse erfolgt Berichterstattung.

Stasi-interner Sachstandsbericht zum Untersuchungsvorgang, vom 12.4.1960, BStU, MfS, BV Erfurt, AS 26/63 Bd. 3, 408–411

89. MfS-Sachstandsbericht über Verfahren gegen „diversante“ Rock and Roll Fans

Die Stasi sah ebenfalls in den „nichtsozialistischen“ Jugendkulturen eine Gefahr für den SED-Staat und das kulturelle und geistige Monopol. Aus diesem Grund übernahm sie vier von der Polizei inhaftierte Rock-and-Roll-Fans wegen „Diversionsverbrechen“. Typisch ist die vorausgehende Bearbeitung derartiger

Fälle nicht durch Stasi-, sondern durch Polizeistellen. Dies ist einer der ersten Fälle der Kriminalisierung von in der DDR-Zeit aufgewachsenen, unangepassten Jugendlichen, deren Bestrafung auch Signale für andere Jugendliche setzen sollte.

Die Haftbefehle gegen die Beschuldigten ergingen am 8.4.1960. Von der Deutschen Volkspolizei waren die Beschuldigten festgenommen worden, weil sie am 3.4.1960 Volkseigentum beschädigt haben. Die Prüfung des Materials gegen die Festgenommenen durch die Abteilung IX ergab, dass es sich bei ihren Handlungen um ein Diversionsverbrechen handelt. Deshalb wurde dieser Vorgang am 12.4.1960 übernommen.
Operatives Material war nicht vorhanden.
Bei der Hausdurchsuchung wurde, außer bei A, bei allen Beschuldigten Schundliteratur sichergestellt. Bei B. konnten darüber hinaus noch Bilder von Elvis Presley und westdeutsche Zeitschriften beschlagnahmt werden.
Die bisherigen Ermittlungen ergaben, dass die Beschuldigten mit dreizehn weiteren Jugendlichen in Mühlhausen eine Rowdy-Gruppe gebildet hatten.
Alle Beschuldigten hörten seit Jahren regelmäßig Musikprogramme westdeutscher Rundfunkstationen sowie des Senders Luxemburg. Dadurch beeinflusst, begeisterten sie sich für Rock and Roll. Anlässlich eines Besuches im vorigen Jahre bei einem Onkel in Westberlin, beschaffte sich B. Schundliteratur und Bilder von Elvis Presley. Derartige Dinge ließ er sich auch noch in diesem Jahre von seinem Onkel schicken. Auf Grund dieser gemeinsamen Interessen schlossen sie sich am 31.1.1960 zu den sogenannten „Elvis-Club“ zusammen.
Ein Oberhaupt der Gruppe wurde nicht gewählt, weil sie dadurch annahmen, von der Polizei weniger beachtet zu werden. Entsprechend dem Einfluss in der Gruppe müssen sie als die Leiter der Gruppe angesehen werden. Ziel dieser Gruppe, gemeinsam auf Tanzsälen Rock and Roll zu tanzen und zu randalieren.
Diese Bestrebungen sind der Grund für den Zusammenschluss der Beschuldigten. Wie sie sagen, versprachen sie sich durch

ihr gemeinsames Handeln ihre Ziele besser zu verwirklichen zu können. Sie tauschten untereinander die Sendezeiten für entsprechende Rundfunkstationen aus. In der Wohnung des B. empfingen sie auch teilweise gemeinsam solche Programme bzw. hörten sie Ausschnitte aus solchen, die C. auf ein Tonband aufgenommen hatte.
Seit Gründung ihrer Gruppe traten sie auch gemeinsam in Tanzveranstaltungen auf. Sie verbreiteten dabei die westliche Unkultur, provozierten Schlägereien und führten Sachbeschädigungen durch, indem sie Gläser und Aschenbecher zerschlugen, Tischdecken zerrissen u. a.
Im Jugendclubhaus Langensalza störten sie eine Modenschau indem sie die Mannequins anpöbelten und durch Zwischenrufe wie: „Ihr müsstet Modelle vom Westen zeigen, die sind viel besser!“ – störten.
Nach solchen Tanzveranstaltungen randalierten sie auf ihrem Heimweg. Sie verursachten ruhestörenden Lärm, weshalb sie mehrfach von der Volkspolizei ermahnt wurden.
Dabei provozierten sie noch die Volkspolizei und drohten den entsprechenden Genossen mit Schlägen. Weiter zerstörten sie Brückengeländer, Gartenzäune und ähnliches.
Von verschiedenen Häusern in Langensalza und Mühlhausen brachen sie die Türklinken ab.
Am 3.4.1960 fuhren die Beschuldigten mit Motorrädern nach Eisenach, um die Wartburg zu besichtigen. Auf dem Nachhauseweg stahlen sie von einem Skoda den Lampenring und bauten von einer Java *[= Mopedmarke]* den Rückspiegel und das Boschhorn ab. Auf der Straße zwischen Eisenach und Mühlhausen waren verschiedene Wohnwagen und eine Planierraupe des VEB *[= Volkseigner Betrieb]* Straßenbau Weimar abgestellt.
Auf Vorschlag des A. demolierten die Beschuldigten diese Einrichtung. Sie zerschlugen die Türen und Fenster der Wagen und drangen in diese ein. Darin zerschlugen sie die Einrichtungsgegenstände und warfen die dort befindlichen Kleidungsstücke umher. Mit Knüppeln zertrümmerten sie die Scheiben, Lampen, Rücklichter sowie Blechteile der Planierraupe. Dadurch entstand ein Schaden von ca. 9.000,-DM (1.000,- finanziell und

8.000,- Produktionsausfall).
Weitere Einzelheiten über die strafbaren Handlungen der Beschuldigten sind noch nicht bekannt.
In Zusammenarbeit mit der Abteilung V *[zuständig für „Kontrolle" verschiedener Sphären des öffentlichen Lebens]* der BV Erfurt soll der Rest der Rowdy-Gruppe ideologisch zerschlagen werden. Zu diesem Zwecke waren alle Mitglieder der Gruppe sowie deren Eltern aufgeklärt. Mit diesen Jugendlichen deren Eltern, Lehrerausbildern, bzw. Meistern usw. und Vertretern der Partei und FDJ werden Aussprachen geführt um diesen die Gefährlichkeit ihre Treibens aufzuzeigen.
Die Methodik des Vorgehens bei den einzelnen Jugendlichen wird entsprechend dem Aufklärungsergebnis und ihrer Beteiligung innerhalb der Gruppe individuell festgelegt. Die entsprechenden zeugenschaftlichen Vernehmungen werden erst nach diesen Aussprachen geführt. In der weiteren Untersuchung ist geplant, besonders die westlichen Einflüsse, die die Beschuldigten zu ihren strafbaren Handlungen veranlassten, herauszuarbeiten.
Durch entsprechende Ermittlungen soll der § 17 StEG nachgewiesen werden. Der Vorgang soll vorfristig abgeschlossen werden.

Stasi-interner Sachstandsbericht zum Untersuchungsvorgang, vom 20.4.1960, BStU, MfS, BV Erfurt, Allg S, Nr. 26/63 Bd. 3, Bl. 403–407

90. MfS-Sachstandsbericht über jugendlichen „Grenzprovokateur"

Als „Grenzprovokateur" wurde einer von zwei Jugendlichen aus Westdeutschland von DDR-Grenzposten festgenommen – was letztlich ein Übergriff auf westdeutsches Territorium darstellte. Noch am selben Tag übernahm die Stasi den Fall und stellte fest, dass der Jugendliche ursprünglich aus Thüringen in den Westen geflohen war. Doch auch die Inhaftierung von Westdeutschen und Ausländern in den Stasi-Haftanstalten stellte keine Ausnahme dar und wurde bis in die DDR-Endzeit hinein praktiziert. Der weitere Verlauf des Strafverfahrens ist nicht bekannt, zum Ermittlungsziel gehörte auch die Erarbeitung von Spionage-Beweisen.

Der Vorgang wurde am 30.4.1960 von der Abteilung IX übernommen. Die Ausstellung des Haftbefehls erfolgte am 2.5.1960 nach § 19 Abs. 1 Ziff. 2 StEG.
Eine operative Bearbeitung des Vorganges erfolgte nicht.
Laut Meldung der Operativ-Gruppe Eisenach der Deutschen Grenzpolizei brach der Beschuldigte gemeinsam mit einem weiteren Jugendlichen aus der Westzone Teile des Stacheldrahtes der Grenzbefestigung heraus und trat gegen einige Pfähle derselben, wobei einer abbrach. Weiter beschimpften sie den Angehörigen der Grenzpolizei und hetzten, endlich „das Tor aufzumachen."
Dabei konnten sich 2 Grenzpolizisten gedeckt an die Provokateure heranarbeiten und den Beschuldigten trotz Gegenwehr unmittelbar am Grenzstreifen des Territoriums der DDR festnehmen.
Bei der Leibesvisitation wurde ein Ausweis der DDR, ein Ausweis der Bundesrepublik, ein „Flüchtlingsausweis C" sowie ein Zeugnis des Gymnasiums im Kreis Moers und eine Anmeldebestätigung aus dem gleichen Ort sichergestellt.
Bei der Hausdurchsuchung wurden der Schriftwechsel des Beschuldigten mit zwei Oberschülern in Erfurt und Weimar über seine Verweise aus beiden Schulen und zahlreiche Briefe, die der Beschuldigte an seine Eltern aus Westdeutschland schrieb, beschlagnahmt.

Die bisherige Untersuchung hatte folgendes Ergebnis:
Der Beschuldigte wurde am 15.11.1959 republikflüchtig, nachdem er von der Lessing-Oberschule in Erfurt 1958 und von der Schiller-Oberschule in Weimar im Jahre 1959 verwiesen worden war. Er hatte desöfteren die Disziplin verletzt, negative Diskussionen geführt und mehrmals ohne Genehmigung die Westsektoren von Berlin aufgesucht.

Er hielt sich im Flüchtlingslager Marienfelde und im Jugendflüchtlingslager Krofdorf bei Gießen jeweils eine Woche auf und kam dann in den Kreis Moers an ein Gymnasium in eine Schulklasse, in welcher sich ausschließlich republikflüchtige ehemalige Oberschüler befanden. Am 27.4.1960 wechselte er über zu einem Gymnasium im Bezirk Kassel, um dort eine Klasse mit dem gleichen Charakter zu besuchen.
Gemeinsam mit dem Mitschüler, der aus Leipzig stammt, begab er sich am 30.4.1960 an der Staatsgrenze zur DDR. Dort brachen sie Teile des Stacheldrahtes aus der Grenzbefestigung ab, traten gegen Pfähle derselben, wobei der Beschuldigte einen solchen umgetreten hat. Weiterhin beschimpften sie mit gemeinen Worten die Angehörigen der Deutschen Grenzpolizei und er hetzte mit den Worten: „Macht endlich das Tor auf!", „Ihr dürft wohl nicht mit uns reden!" und ähnlichen Äußerungen gegenüber den anwesenden Grenzpolizisten. Um diese Handlungen zu begehen, kam der Beschuldigte im Zeitraum von einer halben Stunde mehrmals zur Grenzbefestigung, wodurch sich zwei Grenzpolizisten gedeckt heranarbeiten und ihn festnehmen konnten.
Über die Gründe dieser Provokation sagt der Beschuldigte aus, dass er diese aus eigener Initiative auf Grund seiner Feindschaft zur DDR beging, die während seines Aufenthaltes in Westdeutschland durch systematische Hetze in Presse, Rundfunk und Fernsehen, sowie in den Schulen verstärkt wurde.
Er gab die Schuld an der bestehenden Grenze der DDR und wollte deshalb sein Missfallen über dieselbe mit der Provokation zum Ausdruck bringen.
Der Mittäter wurde nicht festgenommen, da er auf dem Territorium der Bundesrepublik blieb.
In der weiteren Untersuchung ist geplant, noch konkreter die Ursachen der Grenzprovokation zu untersuchen, um dieselbe propagandistisch auswerten zu können. Weiter wird der Beschuldigte noch ausführlich über seine Angaben in den Flüchtlingslagern in Westberlin und Gießen vernommen.

Stasi-interner Sachstandsbericht zum Untersuchungsvorgang vom 11.5.1960, BStU, MfS, BV Erfurt, AS 26/63, Bd. 3, Bl. 377–379

91. MfS-Sachstandsbericht über Haftbefehl eines DDR-Rückkehrers

Der Fall ist typisch für die Kriminalisierung von zurückgekehrten Flüchtlingen, die im Westen systematisch durch „Sichtungsstellen“ etc. über ihre Arbeitsstelle und militärpolitische Beobachtungen befragt worden waren. Allerdings wurde Ende der 50er-Jahre nicht mehr jeder in westdeutschen „Aufnahmelagern“ Befragte als Spion verurteilt und auch in diesem Falle könnte es u. U. zu einer Nichtverurteilung gekommen sein.

Der Haftbefehl gegen den Beschuldigten erging am 5. 9. 1960 wegen Verbrechen nach § 14 StEG.
Außer eines Notizbuches, zwei Tageszeitungen aus Westdeutschland und seines Dienstausweises vom Landeserziehungsheim Speyer, konnten bei der Körperdurchsuchung keine weiteren Beweismittel sichergestellt werden.
Gegen den Beschuldigten lag kein operatives Material vor.
Aus den mit ihm geführten Vernehmungen geht hervor, dass er nach seiner Republikflucht im Jahre 1958 vor den sogenannten Sichtungsstellen der ausländischen Geheimdienste im Westberliner „Flüchtlingslager“ Marienfelde umfangreiche Angaben über die Struktur des Rates des Bezirkes Erfurt, sowie über eine Reihe ihm bekannter Funktionäre des Rates des Bezirkes Erfurt machte.
Er war von 1952 bis zu seiner Republikflucht Mitte 1958 im Referat Jugendhilfe und Heimerziehung des Rates des Bezirkes als Referatsleiter für Jugendhilfe eingesetzt. Entsprechend dieser Funktion lernte er eine Reihe von Funktionären des Rates des Bezirkes sowie die Struktur dieses staatlichen Organs genau kennen.
Der Beschuldigte verließ angeblich deshalb die DDR, weil seine Ehefrau ein unmoralisches Leben führte. In Wirklichkeit aber, verlor er das Vertrauen zur Partei der Arbeiterklasse, weil wegen seines unmoralischen Lebenswandels gegen ihn ein Parteiverfahren eingeleitet wurde und er glaubte, dass er angeblich von

der Partei und seiner Dienststelle keine weitere Hilfe erhalten hätte. Aufgrund seiner negativen Haltung gegenüber der Sozialistischen Einheitspartei Deutschlands, sowie gegenüber des Rates des Bezirkes Erfurt, verließ er im Juli die DDR auf illegalem Wege nach Westberlin.
Im „Flüchtlingslager" machte er vor den Vertretern des amerikanischen und englischen Geheimdienstes zunächst allgemeine militärische Angaben über die Kasernen in Erfurt insbesondere aber über die Bedeutung und Bewaffnung der Kampfgruppe des Rates des Bezirkes, der er angehörte.
Weiterhin gab er spezielle Informationen über die Bedeutung und die Struktur des Wirtschaftsrates im Rat des Bezirkes.
Des Weiteren lieferte der Beschuldigte umfangreiche Angaben über seinen unmittelbaren Vorgesetzten, indem er ihn lückenlos charakterisierte. Er informierte die Vertreter des Geheimdienstes gleichfalls über seinen wahrscheinlichen Nachfolger im Referat Jugendhilfe und Heimerziehung. Weitere genaue Charakteristiken über Schwächen und Stärken gab der Beschuldigte über vier Funktionäre des Rates des Bezirkes Erfurt [...] .
Aufgrund dieser vom Beschuldigten gemachten Spionageinformationen bekam er nach kurzem Aufenthalt in Landau, beim Landeserziehungsheim Speyer, eine Anstellung als Erzieher. In dieser Funktion arbeitete er bis zu seiner Rückkehr in die DDR.
Nach seinen eigenen Aussagen habe es ihm in der Westzone nicht mehr gefallen und wollte jetzt zu seiner Mutter, die in Rudolstadt wohnhaft ist.
In der weiteren Untersuchung wird vor allem darauf Schwerpunkt gelegt, welche konkreten Spionageangaben übermittelte er den Vertretern der Geheimdienste und was waren die Gründe seiner Rückkehr in die DDR. Wie er selbst aussagt, bestand seine Absicht nicht darin, das Revanchistentreffen in Westberlin zu treffen.
Dieser Vorgang soll bei Nichtauftreten wesentlicher Fakten baldigst abgeschlossen werden.

Stasi-interner Sachstandsbericht zum Untersuchungsvorgang, BStU, MfS, BV Erfurt, Allg. S, Nr. 26/63 Bd. 3, Bl. 153–155

92. MfS-Sachstandbericht über Haftbefehl gegen Besitzer des „Spiegel“ und politischer Bücher

Im folgenden Stasi-Zwischenbericht geht es um gekoppelte „Hetze“-Strafverfahren gegen einen eingesiedelten westdeutschen und einen Thüringer Jugendlichen, die sich informierten und politisch diskutierten. Da sich beide während der Haft mit Sicherheit nie begegneten, war es den Stasi-Verhörern möglich, Informationen wechselseitig durch entsprechende Verhörtechniken zu erlangen. Das weitere Schicksal beider ist unbekannt, es gibt lediglich das Indiz, dass die Stasi-Offiziere dem Vorgang „Bedeutung“ beimaßen.

Der Haftbefehl gegen A. wegen Verbrechen nach § 19 StEG erging am 19.10.1960 und am gleichen Tage wurde der Vorgang durch die Abteilung IX von der deutschen Volkspolizei Abteilung K Weimar übernommen.
Bei der Leibesvisitation wurden 24, DM der BdL *[= Bank der Länder]*, 1 Dollar, 900,- DM der DNB *[= Deutsche Notenbank]* und eine Hetzschrift „Der Spiegel“ sichergestellt. Bei der Hausdurchsuchung wurden mehrere pseudo-philosophische westliche Bücher gefunden, die Hetze gegen die Deutsche Demokratische Republik enthalten. Z. B. Leonhard „Die Revolution entlässt ihre Kinder“ und andere. Weiterhin wurden belastende eigenhändige schriftliche Aufzeichnungen und Briefe, sowie 112 Hetzschriften „Der Spiegel“ sichergestellt.

In der bisherigen Untersuchung wurde festgestellt:
A. siedelte im Frühjahr 1958 angeblich aus politischen Motiven aus Westdeutschland in die Deutsche Demokratische Republik. Er arbeitete im Feingerätewerk, wo er negative Diskussionen führte. Mehrfach besuchte er im Jahr seine Eltern in Westdeutschland, von wo er die Hetzschriften „Der Spiegel“ mitbrachte, ebenso andere pseudo-philosophische Hetzschriften. Er hat diese Hetzliteratur an andere Personen, insbesondere an seinen Freund B. weitergegeben, der seit Herbst 1959 an der Arbeiter- und Bauern-Fakultät Potsdam studierte. Auch B. vertrat durch seine Beeinflussung feindliche Anschauungen.

Die Untersuchungen führten am 27.10.1960 in Potsdam zur Festnahme des Freundes. Der Haftbefehl gegen B. erging nach am 28.10.1960, ebenfalls wegen Verbrechen nach § 19 StEG.
Bei der Hausdurchsuchung und der Durchsuchung der Person konnten keine ihn belastenden Unterlagen sichergestellt werden. B. war aber bereits seit dem 19.10.1960 von der Inhaftierung durch die Freundin des A. unterrichtet.

Die bisherige Untersuchung zu B. ergab:
Sein in Freiberg / Sachsen wegen schwerer Körperverletzung inhaftierter Freund A. machte in seiner Zeugenvernehmung vom 25.10.1960 umfassende Angaben über die von B. an der ABF *[= Arbeiter- und Bauern-Fakultät]* Potsdam betriebene Hetze. Diese beinhaltete Diskussion gegen die sozialistische Weggestaltung in der Landwirtschaft, die Gipfelkonferenz, gegen die Lebensverhältnisse in der Deutschen Demokratischen Republik und andererseits eine Verherrlichung der Westzone.
B. behauptete, dass der „Sozialismus moderne Sklaverei" sei. Auch innerhalb der Seminargruppe hatte er im Geschichts- und gesellschaftswissenschaftlichen Unterricht mehrfach bürgerliche, pseudowissenschaftliche Meinungen vertreten, die darauf hinausliefen, dass er Grundsätze des Marxismus-Leninismus anzweifelte und zu widerlegen suchte. Diese Bestrebungen B.'s konnten durch mehrere Zeugenaussagen herausgearbeitet werden. Auch B. versuchte, die von A. zum Studium erhaltenen idealistischen Schriften unter den Studenten weiter zu verbreiten.
B. war desöfteren nach Westberlin gefahren, wo er sich Filme ansah. Er hatte dazu auch andere Studenten aufgefordert. Bisher ist bekannt, dass er auch zweimal gemeinsam mit A., das letzte Mal am 16.10.1960 dem Tag der Festnahme des A., Westberlin aufsuchte.
Sowohl B. wie auch A. behaupteten gegenüber anderen Personen, Anarchisten zu sein.
Bisher konnte erarbeitet werden, dass B. durch A. mit derartigen feindlichen Anschauungen vertraut gemacht wurde, die dieser wiederum verbreitete.
Schwerpunkt in der weiteren Bearbeitung des Vorgangs muss sein, ob eine gewisse politische Konzeption durch die Beschul-

digten erarbeitet worden ist und welche weiteren Personen eventuell noch von A. und B. negativ beeinflusst wurden, desweiteren die Ziele ihrer Hetze zu ermitteln. Ferner muss die von ihnen insgesamt betriebene Hetze erarbeitet werden.
Der Vorgang ist auswertungsmäßig von Bedeutung.

Stasi-interner Sachstandsbericht zum Untersuchungsvorgang, BStU, MfS, BV Erfurt, Allg. S, Nr. 26/63 Bd. 3, Bl. 90–93

93. MfS-Sachstandsbericht zur „Schändung" eines Ulbrichtbildes

Ein weiteres der zahlreichen „Hetze"-Strafverfahren. Typisch ist auch hier, dass die im Arbeiter-Bauern-Staat DDR Beschuldigten oft Arbeiter und Angestellte sind. Dass die Straferziehungs-Politik hier selbst den Anlass zum Protest bildete, ist durchaus keine Ausnahme. Aufgrund der Sachlage musste der Inhaftierte wohl nur wenige Verhöre bis zum Strafprozess durchstehen, das Strafmaß ist nicht bekannt.

Der Vorgang wurde von der Abteilung IX der Bezirksverwaltung Erfurt am 29.10.1960 über die Kreisdienststelle Worbis übernommen.
Haftbefehl gegen X wurde am 29.10.1960 vom Kreisgericht Erfurt-Mitte gemäß § 19 Abs. 1 Ziff. 2 StEG und § 274 StGB erlassen.
Dem Vorgang lag keine operative Bearbeitung zugrunde. Die Leibesvisitation und Hausdurchsuchung ergab keine belastenden Hinweise.
Die bisherige Untersuchung ergab folgenden Sachverhalt:
Der Beschuldigte ist als Kraftfahrer im VEB Kraftverkehr Heiligenstadt-Außenstelle Leinefelde beschäftigt.
Am 26.10.1960 wurde ein Gerichtsurteil gegen ihn (öffentlichen Tadel wegen unbefugtem Gebrauch eines Fahrrades) im Aufenthaltsraum des VEB-Kraftverkehrs Leinefelde öffentlich an einer Tafel für Mitteilungen an Betriebsangehörige ausgehängt.

Diese Urkunde entfernte der Beschuldigte und verbrannte sie offen im Ofen des Aufenthaltsraumes.
Am 27.10.1960 gegen 19,00 Uhr verweilte der Beschuldigte ebenfalls im Aufenthaltsraum. Zur gleichen Zeit verrichtete der Kraftfahrer Y. schriftliche Arbeiten.
Der Beschuldigte erbat sich von Y. eine Schnitte Brot, die er verzehrte. Y. bot ihm eine weitere Schnitte Brot, bestrichen mit Pflaumenmus an, die er ebenfalls annahm, aber nur bis zur Hälfte verzehrte. Den Rest der Schnitte Brot warf er gegen das Bild des Vorsitzenden des Staatsrates der DDR, Walter Ulbricht, mit den Worten: „Du lebst auch wie ein Hund, du sollst auch was zu fressen haben".
Der Zeuge Y. sowie ein weiterer Kraftfahrer hatten versucht, den Beschuldigten von seiner Handlungsweise abzuhalten, jedoch ließ er sich nicht belehren. Auch der Aufforderung, die Schnitte Brot von dem Bild zu entfernen, kam er nicht nach, sondern entgegnete gegenüber den beiden Zeugen: „Lasst es doch dran", worauf sie nichts weiter unternahmen.
Der Beschuldigte gibt an, dass er die Handlung aus Verärgerung über die Veröffentlichung seines Gerichtsurteils beging. Er bestreitet, aus einem anderen Motiv heraus gehandelt zu haben.
In der weiteren Untersuchung muss geklärt werden, inwieweit der Beschuldigte diese Handlungsweise aus einer wirklichen negativen Einstellung zur Deutschen Demokratischen Republik durchgeführt hat.
Es ist geplant, den Vorgang baldmöglichst zum Abschluss zu bringen.

Stasi-interner Sachstandsbericht zum Untersuchungsvorgang, BStU, MfS, BV Erfurt, Allg. S, Nr. 26/63 Bd. 3, Bl. 87–89

94. Erfurter Bezirksrichter über Strafverfahren gegen Gegner der „Kollektivierung der Landwirtschaft“

1960 war das Schlüsseljahr der „vollständigen Kollektivierung“ der Landwirtschaft. Die DDR-Justiz war angehalten, diese Zwangspolitik der SED-Führung durch Strafprozesse und Urteile gegen Kritiker oder LPG-Verweigerer zu befördern. Der Leiter der Erfurter Justizverwaltungsstelle, Mierow, und der Erfurter Bezirksgerichtsdirektor, Kubasch, schrieben darüber einen ausführlichen Jahresbericht, dem folgender Auszug entnommen ist.

II. Die Rechtsprechung der Gerichte auf dem Gebiete der Landwirtschaft

1. Bezirksgericht

Das Bezirksgericht hat im Berichtszeitraum acht Verfahren durchgeführt, die staatsgefährdende Hetze und Propaganda gegen die sozialistische Entwicklung auf dem Lande zum Inhalt hatten. Der Täterkreis setzte sich aus Genossenschaftsbauern, Arbeitern und Rentnern zusammen. In allen Fällen machte sich der schädliche Einfluss des westlichen Rundfunks und Fernsehens bemerkbar. Das führte dazu, dass die Angeklagten ihre Handlungen teilweise aus Feindschaft zur Arbeiter-und-Bauern-Macht begingen bzw. infolge ihrer schwankenden Einstellung zur Deutschen Demokratischen Republik.

So musste der Genossenschaftsbauer C. wegen staatsgefährdender Hetze und Propaganda zur Verantwortung gezogen werden. Er hatte bereits vor seinem Eintritt in die LPG negative Äußerungen gemacht und u.a. erklärt: „Wenn ihr uns noch einmal belästigt, dann könnt ihr gewärtig sein, dass wir eines Tages verschwunden sind und ihr hier nur noch ein Häufchen Asche vorfindet.“ Zu einem späteren Zeitpunkt verherrlichte er Hitler und erklärte er weiterhin, der Westen werde noch losschlagen und dann würden die Kommunisten verschwinden. Er wurde in den Vorstand der LPG Menteroda gewählt und wurden deren 2. Vor-

sitzender. Auch hier setzte er seine feindliche Agitation fort, insbesondere wandte er sich gegen Flächenzusammenlegung und sprach Morddrohungen gegen den Vorsitzenden aus, so dass der Vorsitzende seine Funktion niederlegte. Die Ursachen für dieses staatsgefährdende Verhalten liegen darin begründet, dass der Angeklagte durch ständiges Abhören westlicher Hetzsendungen, durch das Lesen von Hetzflugblättern sowie die negative Beeinflussung durch das Elternhaus der sozialistischen Entwicklung in der Landwirtschaft ablehnend gegenüber stand. Er wurde wegen staatsgefährdender Hetze und Propaganda zu einer Gefängnisstrafe von einem Jahr und acht Monaten verurteilt.
Die Auswertung dieses Verfahrens in einer öffentlichen Einwohnerversammlung in Menteroda führte zur Festigung der LPG. Erscheinungen, in der Hauptsache die individuellen Flächen zu bearbeiten, wurden beseitigt. Ferner konnte erreicht werden, dass sich die Genossenschaftsbauern des Ortes in einer LPG zusammenschlossen.

Analyse über Rechtsprechung der Gerichte auf dem Gebiet der Landwirtschaft (Auszug), 15. 12. 1960, ThHStA Weimar, Bezirksgericht Erfurt, Nr. 0/171, Bl. 61f

95. MfS-Sachstandsbericht über Inhaftierung von „staatsgefährdenden" Protestierenden über Arbeitslöhne

Ausbeutung kann es im SED-Staat nicht geben – das ideologische Leitmotiv der „Arbeiterpartei" wurde auch mit Repression umgesetzt. Wie es diesem Sondershäuser Bauarbeiter später vor Gericht erging, ist zum Entstehungszeitpunkt dieses Stasi-Berichtes noch nicht bekannt. Es deutet einiges darauf hin, dass die Strafgründe bis hin zu Sabotage ausgeweitet werden sollten.

Der Untersuchungsvorgang wurde am 20.12.1960 durch die Abteilung IX übernommen und der Haftbefehl wurde am 21.12.60 ausgestellt.

Dem Untersuchungsvorgang lag ein Operativ-Vorgang der Kreisdienststelle Sondershausen zugrunde, aus dem hervorgeht, dass der Beschuldigte innerhalb seiner Brigade beim VEB (K) Baubetrieb Sondershausen, laufend staatsgefährdende Propaganda und Hetze betrieben hat, indem er in Gesprächen mit Arbeitskollegen unter anderem äußerte, dass der bestehende Leistungslohn im Baugewerbe in der DDR eine Ausbeutung höchsten Grades wäre und dass die in Westdeutschland im Zeitlohn stehenden Maurer mehr verdienen würden und nicht einer so hohen Ausbeutung unterliegen.
Weiter behauptete er, dass in der DDR sich nur derjenige entwickeln könnte, der Mitglied der SED ist und hier stünde, gegenüber den Verhältnissen in Westdeutschland, alles unter Druck.
Das neue Arbeitsgesetz der DDR bezeichnete der Beschuldigte als ein Gesetz, womit dem Arbeiter die Schlinge noch fester um den Hals gelegt würde und die NVA *[= Nationale Volksarmee]* nannte er „Gammelhaufen". Ferner ist aus dem Operativ-Vorgang ersichtlich, dass der Beschuldigte in den Jahren 1959/60 mehrmals zum Teil auch mit anderen jugendlichen Personen nach Westberlin fuhr, dort Waren einkaufte, Kino- und Tanzveranstaltungen besuchte, und in Sondershausen bis zum Jahre 1958 wahrscheinlich eine führende Rolle in einer dort vorhandenen Gruppe „halbstarker" Jugendlicher inne hatte.
Bei der durchgeführten Hausdurchsuchung wurde verschiedenartige Westliteratur sowie Bildmaterial und Schallplatten von Elvis Presley sichergestellt.
In der bisherigen Untersuchung war der Beschuldigte noch nicht geständig und er versuchte seine betriebene Hetze als „offene Kritik" hinzustellen. Es konnten jedoch mehrere Personen aus seiner Brigade zeugenschaftlich vernommen werden, welche übereinstimmend die vom Beschuldigten betriebene staatsgefährdende Propaganda bekräftigten.
Da bei den durch die KD Sondershausen geführten Ermittlungen außerdem festgestellt werden konnte, dass auf der Baustelle in Großfurra des VEB (K) Baubetriebes eine von ihm bediente Betonmischmaschine mehrmals nach kurzer Laufzeit defekt

wurde und der dringende Verdacht einer vorsätzlich herbeigeführten Beschädigung besteht, wird die weitere Untersuchung mit dem Ziel geführt, den Beschuldigten eines Diversionsverbrechens zu überführen.
Ferner ist geplant genauestens seine Verbindungen nach Westberlin herauszuarbeiten und zu untersuchen in welchem Zusammenhang diese mit seiner Tätigkeit bei der Gruppe halbstarker Jugendlicher in Sondershausen gestanden hat.
Bei einem positiven Ergebnis soll eine diesbezügliche Auswertung der Jugendlichen von Sondershausen stattfinden.
Der Vorgang soll vorfristig abgeschlossen werden.

Stasi-interner Sachstandsbericht zum Untersuchungsvorgang, BStU, MfS, BV Erfurt, Allg. S, Nr. 26/63 Bd. 3, Bl. 5–7

96. Protokollauszüge mit Ansichten eines Richters über politische Rechtsfunktionen

In den Dienstbesprechungen des Richterkollegiums am Erfurter Bezirksgericht referieren Richterin Klotz über die Hauptverhandlung im Zivilrecht (Januar 1961) und Gerichtsdirektor Kubasch über die Hauptverhandlung im Strafrecht (März 1961). Politische Inhaftierte, die währenddessen in den benachbarten Stasi-Haftzellen auf ihre Prozesse warteten, dürften vergeblich auf Gerechtigkeit vor Gericht gewartet haben.

[Klotz, Vortrag über die politische Rolle des Zivilrechts] ... Die Hauptverhandlung ist der Höhepunkt des Prozesses. Der Vorsitzende soll sie leiten, Schöffen und Berufsrichter sollen mitarbeiten, damit der Eindruck eines Arbeitskollektivs entsteht. Die Parteien und Zeugen sind nicht herzlos und bürokratisch zu behandeln. Der Richter hat nicht nur Jurist und Mensch, sondern auch Psychologe zu sein. Die Gerichtsverhandlung ist wie die übrige Tätigkeit des Gerichts eine einzige Überzeugungs- und Erziehungsarbeit. Sie kann nur Erfolg haben, wenn sie sachlich durchgeführt wird, aber in konsequenter parteilicher Haltung

des Gerichts. Alle Bürger, die sich bei Gericht in einem Prozess zusammenfinden, sollen einer Arbeitsgemeinschaft gleichen, die sich gemeinschaftlich darum bemüht, den vorhandenen gesellschaftlichen Widerspruch zu beseitigen.

[Gerichtsdirektor Kubasch, Vortrag zum Staatsratsbeschluss vom 30.1.1961, März 1961] ... Die Hauptverhandlung ist der wichtigste Abschnitt des Strafverfahrens. Deshalb erwarten die Angeklagten auch etwas besonderes von der Hauptverhandlung und aus diesen Gründen müssen wir der Hauptverhandlung eine besondere Bedeutung beimessen. Die Hauptverhandlung muss eine politische Lehrstunde sein.

Das kann es aber nur dann sein, wenn in ruhiger, sachlicher Form mit den Angeklagten und allen Beteiligten gesprochen wird, wenn wir das politische Gespräch führen und den Angeklagten in einer ruhigen und sachlichen Form überzeugen. Das muss unsere Forderung sein. Wenn heute einem Angeklagten in verletzender Form gegenübergetreten wird oder man ihn nicht aussprechen lässt oder ihn sogar anbrüllt, wird er sofort eine ablehnende Stellung einnehmen oder auf gute Argumente nicht mehr eingehen. Wir müssen uns selbst kontrollieren. Wir müssen in jedem Menschen das Gute sehen und in einer humanistischen Art und Weise verhandeln.

Es ist notwendig, dass wir uns immer eingehend mit den Beschlüssen unserer Partei und Regierung und allen wichtigen Dokumentationen befassen, um überzeugend wirken zu können. Wir haben oft Angeklagte vor uns, die ein gut fundiertes Wissen haben, wo der Richter es nicht leicht hat, diesen intelligenten Menschen, die sich mit vielen Fragen eingehend beschäftigt haben, zu beweisen, dass sie dennoch auf der falschen Linie sind. Das hängt von meinem eigenen Wissen ab, ob wir in der Lage sind, diese Menschen eines besseren zu überzeugen. Ich kann das aber nur, wenn ich selbst das politische Wissen habe.

Protokoll der Richter-Dienstbesprechung vom 16.1.1961 und 18.3.1961, ThHStA Weimar, Bezirksgericht Erfurt, 0/103, Band 1, Bl. 11, Bl. 43A

97. MfS-interne Information über einen weiter „verwendbaren“ Zellenspitzel

Die Staatssicherheit baute sich parallel zur Polit-Strafverfolgung ein systematisches Informantennetz auf. Besonders attraktiv für sie war die Werbung politisch Verfolgter wegen ihrer leichteren Erpressbarkeit in und nach der Haftzeit. Einige erklärten sich bereit, aber wenige denunzierten dann tatsächlich. Dieser Spitzel war im Vorfeld in den Verhören bereits eindeutig unter Druck gesetzt worden. Ob er nach seiner Freilassung noch berichtete, ist unbekannt.

Der Genannte war bis zu seiner Inhaftierung am 22.10.1958 als Chemotechniker im Chemielabor Apolda tätig.
Die Inhaftierung geschah aufgrund vorliegenden Op.-Materials *[= Operativmaterials]* der Kreisdienststelle Apolda.
Er wurde in der Hauptverhandlung vor dem Bezirksgericht Erfurt am 20.5.1959 wegen Verbrechen nach §§ 19 und 23 StEG zu 6 Jahren Zuchthaus verurteilt.
In der ersten Phase der Untersuchung war er ziemlich verstockt und versuchte, seine strafbaren Handlungen zu bagatellisieren, nach längerer Bearbeitung stellte er sich um und sprach offen zu den ihm zur Laste gelegten Fakten. Weiterhin wurde festgestellt, dass er durch laufende Beeinflussung negativer Elemente zu seiner staatsfeindlichen Einstellung und Handlung kam.
Da er zum Schluss der Untersuchung zum Ausdruck brachte, dass er das Verkehrte seiner Handlungsweise einsah und in der Zukunft beweisen wollte, dass er sich in seinen Anschauungen umgestellt habe, wurde er zwecks inoffizieller Tätigkeit angesprochen und verpflichtet.
Er verblieb mehrere Monate nach seiner Verurteilung in der Untersuchungshaftanstalt der Bezirksverwaltung und wurde bei der Bearbeitung mehrerer Vorgänge eingesetzt.
Seine gelieferten Berichte erwiesen sich nach der Überprüfung als objektiv und brauchbar.
Er wurde am 6.11.1959 nach der Strafvollzugsanstalt Gräfentonna überführt. Sein jetziger Aufenthalt kann durch die Ab-

teilung Strafvollzug der BdVP Erfurt über unsere Abteilung XIV in Erfahrung gebracht werden.
Er besitzt auf vielen Gebieten ein weit überdurchschnittliches Wissen und kann unserer Meinung nach im Strafvollzug und auch nach einer eventuellen Entlassung weiter verwendet werden.
Außer den üblichen Vergünstigungen wurden ihm während seines Aufenthaltes in unserer Untersuchungshaftanstalt keinerlei Versprechungen gemacht. Es wurde ihm lediglich eröffnet. Dass er bei guter Führung im Strafvollzug bei ungefähren Ablauf der Hälfte seiner Strafe von sich aus die Möglichkeit habe, ein Gnadengesuch zwecks vorzeitiger Entlassung einreichen könnte, welches bei einer entsprechenden Rückfrage von unserer Seite aus ebenfalls befürwortet würde.
Bei seiner Verlegung wurde Genosse Engel – Abteilung VII – von einer weiteren Verwendungsmöglichkeit desselben im Strafvollzug informiert. X. hat während der Zeit seiner Untersuchungshaft unter anderen an vier Vorgängen gearbeitet.

Schreiben vom Erfurter MfS-Untersuchungsleiter Boller an die MfS-Bezirksabteilung XV zum Untersuchungsvorgang 80/58, vom 1. 2. 1961, BStU, MfS, BV Erfurt, AS 25/63, Band 6, Bl. 313f

98. MfS-interne Information über Verurteilung eines Unschuldigen

Die SED ist unfehlbar, die Stasi auch – nach diesem Motto wurde ein offensichtlich Unschuldiger nicht nur hart verurteilt, sondern auch nach Bekanntwerden seiner Unschuld nicht sofort freigelassen oder rehabilitiert. Einen „Gnadenerweis" konnte er nur durch Zusicherung der Geheimhaltung des Stasi-Irrtums erlangen.

Er wurde am 4. 2. 1959 wegen Verbrechen nach §§ 14, 15, 19 StEG zu 6 Jahren Zuchthaus verurteilt.
Durch die Verhaftung von zwei anderen Erfurter Bürgern wegen

Nachrichtenübermittlung an Deckadressen wurde bekannt, dass er die ihm zur Last gelegten Verbrechen nicht begangen haben konnte.
Er wurde deshalb in der Strafvollzugsanstalt Torgau aufgesucht und widerrief in einer Vernehmung durch den Genossen Franke sein Geständnis, Spion gewesen zu sein. Er gab an, ein solches Verbrechen eingestanden zu haben, da ihm ein Schriftgutachten vorgelegt wurde, welches seine Schuld nachwies. (Das Schriftgutachten, welches später widerrufen wurde, war durch die unsachgemäße Beschaffung von Schriftmaterial durch einen Mitarbeiter der Abteilung V zustande gekommen.)
Auf Grund des Widerrufes und der Tatsache, dass er tatsächlich die ihm zur Last gelegten Verbrechen nicht begangen hatte, setzte sich die Abteilung IX für eine vorzeitige Haftentlassung X.s ein. Unter der Bedingung, dass wir seine Haftentlassung im Zuge des Gnadenerweises des Staatsrates durchsetzen, erklärte er sich bereit, keinerlei Ansprüche mehr an unseren Staat zu stellen. Deshalb erfolgte eine Herabsetzung der Strafe von 6 auf 2 1/2 Jahren Zuchthaus nach § 4 des Gnadenerweisbeschlusses.

Schreiben des Leiters der MfS-Untersuchungsabteilung Erfurt, Boller, an Leiter der MfS-Bezirksabteilung, Kalipke, vom 11.3. 1962, BStU, MfS, BV Erfurt, AS 25/63, Band 10, Bl. 30f

99. MfS-Sachstandsbericht über Haftbefehl gegen streikwillige Arbeiter aufgrund einer Handschriftenanalyse

Auch dieser kurz nach Festnahme und Erstverhör verfasste, stasi-interne Zwischenbericht betrifft einen Hetze-Vorwurf, einen Arbeiter und die Kriminalisierung des Streikrechtes. Der Betreffende suchte, wohl nicht ohne bereits eine Verhaftung zu befürchten, den anonymen Kontakt zu den Kollegen. Aber Denunzianten-Kollegen, Funktionäre und Schriftgutachter brachten auch ihn in die Stasi-Zelle.

Der Haftbefehl gegen X. wurde am 6.4.1961 vom Kreisgericht Erfurt-Mitte nach § 19 Absatz 1, Ziffer 2, Absatz 2 StEG erlassen.
Die körperliche Durchsuchung erbrachte keine Beweismittel.
Bei der Hausdurchsuchung wurden außer einem Wildwestschmöker kein belastendes Material vorgefunden.
Aus dem operativen Material geht hervor, dass am 13.3.1961 gegen 6.45 (vor Arbeitsbeginn) in dem Umkleideraum der Gärtnerbrigaden der Internationalen Gartenbau Ausstellung im Gummistiefel des Gärtners Y. ein handgeschriebenes Hetzflugblatt vorgefunden wurde.
Das Flugblatt forderte die Arbeiter der IGA zum Streik wegen angeblich zu geringen Löhnen auf. Darin wurde gefordert, dass ohne die Arbeiter die Fertigstellung der Internationalen Gartenbau Ausstellung nicht möglich sei.
Das Hetzflugblatt wurde durch den Gärtner Y. der Verwaltungsleitung der IGA übergeben.
In der operativen Bearbeitung ergaben sich Verdachtsmomente gegen den Gärtner A. Durch Schriftvergleichsmaterial der Technischen Untersuchungsstelle des MfS wurde einwandfrei der Beschuldigte A. als Schreiber des Hetzflugblattes identifiziert und aufgrunddessen festgenommen.
Die bisherige Untersuchung ergab, nach Aussagen des Beschuldigten, dass er selbst das Hetzflugblatt geschrieben hat mit dem Ziel die Arbeiter zum Streik aufzufordern um die Fertigstellung der IGA zu erschweren. Als günstigen Zeitpunkt und Vorwand hatte er die bestandenen Lohndifferenzen in den Gärtnerbrigaden ausgewählt.
Wie der Beschuldigte zugibt, ist seine Einstellung zur Deutschen Demokratischen Republik negativ und er begründet damit seine Handlungsweise. Die Ursachen seiner Einstellung liegen in der schlechten politischen Erziehung durch seine Eltern.
Sein Vater war Propagandaleiter der NSDAP und wurde 1945 inhaftiert. Nach dessen Rückkehr 1948 aus der Sowjetunion musste der Beschuldigte aus der Pionierorganisation, der er angehört hatte, wieder austreten.
Im Elternhaus und später bis zur Festnahme, hörte er fast ausschließlich Nachrichtensendungen des westdeutschen Rundfunks.

Er besuchte auch seit 1959 häufig Filmveranstaltungen in Westberlin und las häufig westdeutsche Schundliteratur. Bezüglich der westdeutschen Schundliteratur unterstützte ihn seine Mutter, die derartige Literatur von Besuchen in Westdeutschland in die DDR einführte. Gleichfalls lieh er sich auch Schundliteratur von seinen Arbeitskollegen.
Wie der Beschuldigte weiterhin aussagt, führte er auch negative Diskussionen über die Deutsche Demokratische Republik mit Arbeitskollegen in der IGA, wobei er die Verhältnisse Westdeutschlands verherrlichte. Er bestreitet entschieden im Auftrage feindlicher Agentenzentralen gehandelt zu haben.
In der weiteren Untersuchung ist zu klären, welche Verbindungen der Beschuldigte und seine Mutter zu Agentenzentralen aufgrund ihres häufigen Aufsuchens Westberlins und Westdeutschlands haben und was für Aufträge er erhielt. Desweiteren ist seine Hetztätigkeit herauszuarbeiten und durch Zeugenvernehmungen zu beweisen.
Die Mutter des Beschuldigten ist allseitig aufzuklären und das Ergebnis wird operativ ausgewertet.
Gründliche Auswertungsvernehmungen werden über den Ablauf der Arbeiten an der Internationalen Gartenbau Ausstellung durchgeführt.

Stasi-interner Sachstandsbericht zum Untersuchungsvorgang, BStU, MfS, BV Erfurt, Allg. S, Nr. 26/63, Bd. 4, Bl. 259–261

100. MfS-Schauprozessbericht „Jeder Republikflüchtige wird zum Verräter"

Das ist der Stasi-Bericht über den Verlauf eines Spionage-Schau-Prozesses mit fünfeinhalb Zuchthaus-Jahren. Hier wird der Ablauf und die typischen Politpropagandareden beteiligter Juristen deutlich, die so „überzeugend" sind, dass gleich „jeder Republikflüchtige" als potenzieller Spion erscheint. Es ist nicht untypisch, dass der eigentliche Angeklagte eher eine sekundäre

Rolle spielt (nach der rechtserzieherischen Polit-Botschaft für die geladenen Zuschauer). Deutlich wird auch, dass selbst Militärangehörige die „spionierten" Informationen als unwichtig einstuften.

Am 13.4.1961 fand vor dem 1. Strafsenat des Bezirksgerichtes Erfurt die Hauptverhandlung gegen den Beschuldigten

X., [...] zuletzt Bergmann statt.

Das Gericht war wie folgt zusammengesetzt:

Vorsitzender: Richter Büchner (SED)
Schöffen: [...] (SED)
Staatsanwalt: [...geschwärzt] (SED)

Die Verteidigung oblag dem Rechtsanwalt R. vom Kollegium der Rechtsanwälte Erfurt. Zeugen und Sachverständige waren nicht anwesend.

Entsprechend der Bedeutung dieses Prozesses hinsichtlich der propagandistischen Auswertung wurde die Hauptverhandlung vor erweiterter Öffentlichkeit durchgeführt, wozu insgesamt 50 Personen geladen worden waren, die sich aus 42 Angehörigen des Amtes für Zoll und Kontrolle des Warenverkehrs aus Erfurt, Marienborn, Wartha, Gerstungen und Vacha sowie 6 Offizieren vom Stab der 4. Motorisierten Schützendivision Erfurt zusammensetzten.

Die Hauptverhandlung verlief ohne besondere Schwierigkeiten. Der Beschuldigte war geständig. Die Prozessführung durch Richter Büchner war im allgemeinen gut. Er verstand es, im Laufe der Verhandlung die Ursachen für Republikfluchten von Angehörigen der bewaffneten Organe der Deutschen Demokratischen Republik herauszustellen, indem er auf die in der politisch-ideologischen Erziehungsarbeit des Amtes für Zoll und Kontrolle des Warenverkehrs herrschenden Mängel einging.

Ferner wurde im Prozess überzeugend nachgewiesen, dass jeder Republikflüchtige in der Westzone zum Verräter wird, wobei vor allem die Methoden der imperialistischen Spionageorganisationen erläutert wurden. Die Bedeutung und der Wert des vom X. über seine Zugehörigkeit zur nationalen Volksarmee und zum Amt für Zoll und Kontrolle des Warenverkehrs betriebenen umfangreichen Verrats hätten jedoch durch eine bessere Verbindung des vorhandenen Beweismaterials (militärpolitische Einschätzungen der Nationalen Volksarmee und des Amtes für Zoll und Kontrolle des Warenverkehrs) besser dargelegt werden können.

An Hand des Auftrages, den der Beschuldigte von der Befragungsstelle in Kassel erhalten hatte, um seinen Bruder sowie andere Bürger der Deutschen Demokratischen Republik zum illegalen Verlassen derselben zu verleiten, wurde aufgezeigt, mit welchen Methoden Bürger unserer Republik von westdeutschen Agenturen abgeworben werden.

Der Staatsanwalt stellte in seinem Plädoyer nochmals die politischen Zusammenhänge zwischen den Bonner Atomkriegsvorbereitungen und den Aussagen der Beschuldigten her und zeigte den hohen Grad der Gesellschaftsgefährlichkeit der von X. begangenen Verbrechen im Sinne des § 14 StEG auf. Er hätte jedoch noch tiefgründiger auf die Ursachen der Republikflucht des Beschuldigten eingehen müssen, was bei einer besseren Vorbereitung ohne weiteres möglich gewesen wäre.

In seinen Ausführungen entwarf der Verteidiger Rechtsanwalt R. ein objektives Bild von der Persönlichkeit, der moralischen und gesellschaftlichen Entwicklung des Beschuldigten, ohne dabei die Schwere der Verbrechen des X. zu mindern.

Das Schlusswort des Beschuldigten zeigte nochmals mit aller Deutlichkeit, welchen Weg jeder Republikflüchtige in der Westzone geht.

Der Staatsanwalt beantragte wegen Verbrechen nach § 14 StEG und § 3 der Waffenverordnung und § 73 StGB für den Beschuldigten

5 Jahre, 6 Monate Zuchthaus.

Am 14. 4. 1961 fand die Urteilsverkündung statt. Das Strafmaß für den Beschuldigten X. lautet:

5 Jahre, 6 Monate Zuchthaus.

Im Anschluss an die Hauptverhandlung wurde mit sämtlichen Anwesenden eine zweistündige Auswertung des Prozesses vorgenommen.

Diskutiert wurden vor allem Fragen der politisch-ideologischen

Erziehung und der Arbeit mit den Menschen innerhalb der bewaffneten Organe der Deutschen Demokratischen Republik im Zusammenhang mit dem 12. Plenum.
Zwei Stabsoffiziere der 4. Motorisierten Schützendivision Erfurt vertraten die Ansicht, dass die von X. preisgegebenen Tatsachen über Objekte der nationalen Volksarmee keinen großen Wert für den Gegner hätten, da ihm dies doch bereits mehr oder weniger bekannt wäre, und deshalb das beantragte Strafmaß etwas herabgesetzt werden könnte.
Daraufhin wurde von Richter Büchner, einem Grenzpolizeioffizier sowie zwei Vertreter der Untersuchungsabteilung des Ministeriums für Staatssicherheit Bezirksverwaltung Erfurt eindeutig nachgewiesen, wie die von Republikflüchtigen verratenen Angaben von den Geheimdienststellen ausgewertet und bei der Erarbeitung der Bonner Blitzkriegspläne, für die Durchführung von Natomanövern sowie bei Provokationen gegen die Deutsche Demokratische Republik in Betracht gezogen werden.
Das beantragte Urteil wurde von allen Anwesenden für richtig und gerecht befunden.
Der Prozess soll von den anwesenden Stabsoffizieren der Nationalen Volksarmee in den Einheiten der 4. Mot. Schützendivision in Verbindung mit den Genossen der HA I/3 ausgewertet werden.
In Zusammenarbeit mit der Abteilung VII der Bezirksverwaltung Erfurt erfolgt in sämtlichen AZKW-Dienststellen der Bezirke Erfurt und Suhl eine propagandistische Auswertung des Vorganges.

Prozessbericht, des Erfurter MfS-Untersuchungsleiters Boller, vom 17.4.1961, BStU, MfS, BV Erfurt, Allg. S, Nr. 25/63, Bd. 2, Bl.189–192

101. Protokollauszug mit Analysen einer Erfurter Richterin über Staatsverbrechen

Die Erfurter Bezirks-Richterin Schramm berichtete im Kreise der Richterkollegen über eine Fortbildungsveranstaltung in Ettersburg. Parteiische Rechtserziehung gehörte zum Dienstalltag der Juristen und hier gewonnene „Argumente" wurden dann häufig für Brandreden in politischen Prozessen wieder zum Einsatz gebracht. Veranstaltungen, Dienstbesprechungen, Parteiversammlungen gaben konkrete Anleitung für Rechtsbegriffe, Strafwürdigungen etc.

Besondere Aufgaben kommen der Gesetzgebung zu. Mit der Weiterentwicklung des Rechts ist es in allen sozialistischen Ländern so. Es wird an einer neuen Gesetzgebung gearbeitet. Mit den Mitteln des Rechts soll die Übergangsperiode *[vom Kapitalismus zum staatslosen Kommunismus]* beschleunigt werden. Das Recht ist ein Mittel zur Führung der Massen zum objektiven notwendigen Verhalten.

Im bürgerlichen Staat hat das Strafrecht immer nur der Unterdrückung der Menschen gedient. Es war ein Mittel der Verbannung und nicht ein Mittel der Eingliederung in die Gesellschaft. Der bürgerliche Staat kann es sich gar nicht leisten, wie es in sozialistischen Staaten geschieht, alle Erscheinungen der Kriminalität, alle Ursachen aufzudecken, damit würde er sich selbst entlarven. Deshalb kann er die objektive Wahrheit nicht so erforschen, wie es in den sozialistischen Staaten eine Selbstverständlichkeit ist.

In den sozialistischen Staaten ist das Strafrecht zur Überwindung der Kriminalität und zur Befreiung der Menschen da.

Es gibt drei Kriterien,

Wahrung der Gesetzlichkeit
Prinzip der Differenzierung,
Gesellschaftsgefährlichkeit.

[...]

Durch die Veränderung der Klassenverhältnisse in der DDR sind die Ursachen für Staatsverbrechen im wesentlichen beseitigt worden, die bürgerliche Ideologie noch nicht. Aber auch die allgemeine Kriminalität ist durch die Veränderung der Klassenverhältnisse zurückgedrängt worden, und zwar seit 1950 um 60 % und seit 1960 um 12 %. Wir sehen, dass mit der Veränderung der Klassenverhältnisse auch der Kriminalität der Boden entzogen wird.

Das darf uns nicht dazu verführen, weniger wachsam zu sein und die Gefährlichkeit von Staatsverbrechen zu verkennen. Auf diesem Gebiet ist kein Rückgang zu verzeichnen, sondern erhöhte Kriminalität zu erkennen. (Beispiel Ungarn).

Die Erkenntnisse aus dem 12. Plenum für Staatsverbrechen müssen so sein, dass wir noch qualitativer, wissenschaftlich und prinzipienfester den Kampf gegen alle Feinde führen.

Die Menschen befähigen die Grundsätze des sozialistischen Rechts zu verstehen. In dieser Hinsicht befinden wir uns im Nachtrab, und zwar insofern, dass sich bei Staatsverbrechen die kriminelle Atmosphäre in der Bevölkerung noch nicht durchsetzt. In der Bevölkerung wird derjenige, der einen Verbrecher anzeigt, für einen Denunziant gehalten. Deshalb sollten wir unsere politische Arbeit verbessern und in dieser Hinsicht überprüfen.

In jeder Phase des Verfahrens ist die Würde des Menschen zu achten. Das Vorbringen der Anwälte muss ebenfalls im Urteil beachtet werden. Bei Staatsverbrechen ist wichtig die Tatbestandsmäßigkeit und die Schuld, die genauso eine große Rolle spielen wie bei anderen Strafsachen. Eine bestimmte Differenzierung ist in jeder Hinsicht erforderlich. Beachten und berücksichtigen müssen wir zumindest dabei das Verhalten nach 1945. (NJ 18/59) *[NJ = DDR-Rechtszeitschrift „Neue Justiz", Heft 18 von 1959]*

Wichtig für uns ist, dass die Spionageverbrechen ansteigen. Vor allen Dingen Spionage gegen sowjetische Streitkräfte und NVA, um dadurch die Struktur und Aufgaben der sowjetischen Streitkräfte *[gemeint: der DDR-Streitkräfte]* zu erfahren, weil diese ähnlich der sowjetischen Streitkräfte sind. Auch gegen Kampfgruppen und MfS steigt die Spionage an.

Taktik ist, dass wir uns dabei folgendes merken, der Gegner nutzt immer mehr die Flüchtlinge nach dem Vorbild der ehe-

maligen Ostforschung aus, um sie einzubauen in seinen Agentenapparat. Mechanisierung für Funk und andere Geräte. Das Netzt der bezahlten Spione wird immer mehr mechanisiert.
Zur Schädlingstätigkeit *[ist zu sagen]*, dass der ökonomische Schaden nicht gleichbedeutend mit Sabotage sein muss. Die objektive Wirklichkeit muss mit dem betreffenden Fall übereinstimmen.
Zur Republikflucht *[ist zu sagen]*, dass auch hier Verfahren wegen Republikflucht zu wenig ausgewertet werden. Der Öffentlichkeit ist die Bedeutung viel zu wenig bekannt, dass endlich die falsche Solidarität in der Bevölkerung überwunden wird. Abwerbung von Fachkräften ist ein Bestandteil des kalten Krieges. Es wird ein großer Teil von Agenten in die DDR geschickt, um bestimmte Personen abzuwerben. Die objektiven Voraussetzungen sind nicht mehr vorhanden zur Republikflucht.

Protokoll der Richter-Dienstbesprechung vom 15. Mai 1961 und 18.3.1961 (Auszüge), ThHStA Weimar, Bezirksgericht Erfurt, 0/103, Band 1, Bl. 68A ff

102. Protokollauszug mit Analysen eines Richters zum Thema „Gesellschaftsgefährlichkeit von Straftaten“

Der Erfurter Bezirksrichter Kasten hielt in der Dienstbesprechung einen Vortrag in Anlehnung an einen Artikel in der SED-Rechtszeitschrift „Neue Justiz“. Das neu eingeführte Bewertungskriterium „Gesellschaftsgefährlichkeit“ sollte den Juristen vor Ort eine differenzierende Anwendung von Strafparagrafen ermöglichen, gleichzeitig aber den politerzieherischen, parteilichen Charakter der Strafpraxis gewährleisten.

Er sagte, dass die Gesellschaftsgefährlichkeit theoretisch und praktisch das Grundproblem des Strafrechtes sei und die Gesellschaftsgefährlichkeit Ausdruck der klassenmäßigen Wurzeln und der schädlichen Einwirkung auf die sozialistischen Verhältnisse ist. In der DDR seien Handlungen deshalb zu Verbrechen erklärt, weil sie gesellschaftsgefährlich seien, nämlich sich störend oder hemmend auf den gesellschaftlichen Entwicklungsprozess auswirken. Die Gesellschaftsgefährlichkeit sei auch der Hauptinhalt der Verbrechen.

Es wurde weiter ausgeführt, dass sich die Gesellschaftsgefährlichkeit in verschiedenen Formen zeige, und zwar in Herbeiführung des materiellen oder ideellen Schadens oder in Herbeiführung eines Gefahrenherdes.

Es wurden insgesamt alle Elemente des Verbrechens, die den Grad der Gesellschaftsgefährlichkeit bestimmen, sehr eingehend erläutert. Kollege Kasten verwandte zur Erläuterung seiner theoretischen Ausführungen einige Urteile des Bezirksgerichtes Erfurt, in welchen der Grad der Gesellschaftsgefährlichkeit der Tat entweder gut bzw. weniger herausgearbeitet worden war. So wurde ein Urteil des I. Strafsenates gegen einen gewissen H., *[der]* wegen fortgesetzter Diversion, Hetze und anderen Delikten zu 8 Jahren Zuchthaus verurteilt wurde, weiter ein solches gegen einen gewissen J., der wegen Fahnenflucht und Verrat zu einer längeren Zuchthausstrafe verurteilt worden war, des weiteren ein Urteil gegen N. wegen Betruges, Urkundenfälschung und Untreue am gesellschaftlichen Eigentum im schweren Falle verurteilt, zur Begründung der Gesellschaftsgefährlichkeit herangezogen.

Protokoll der Richter-Dienstbesprechung vom 3. August 1961 (Auszug), ThHStA Weimar, Bezirksgericht Erfurt, 0/103, Band 1, Bl. 116f

103. MfS-Sachstandsbericht über „Hetze" in der Mitropa

Wenige Tage vor dem Mauerbau ist die Stetigkeit der politischen Strafverfolgung ungebrochen. Die Zahl der monatlich neu aufgegriffenen „Hetzer" und „Staatsverleumder" sollte in den Folgemonaten nochmals stark ansteigen, dann aber zunehmend zurückgehen und sich auf betrunkene und anonyme Proteste beschränken. Die Abschottung der Landesgrenzen sollte in den späteren Jahrzehnten zum rapiden Anstieg der Flucht-Strafverfahren führen.

Der Haftbefehl gegen den Beschuldigten erging am 5.8.1961 wegen Verbrechen gemäß § 19, Absatz 1, Ziffer 2 StEG.
Aus dem operativen Material, das nur sehr kurz bearbeitet wurde, geht hervor, dass er seit längerer Zeit unter seinen Arbeitskollegen und Bekanntenkreis negative Diskussionen führt.
Mit dem 2. Sekretär der Betriebsparteiorganisation des Bahnhofs Sondershausen soll er wegen seiner staatsfeindlichen Äußerungen desöfteren harte Auseinandersetzungen gehabt haben.
In Diskussionen mit seinen Arbeitskollegen verherrlichte er die Verhältnisse in Westdeutschland und hetzte gegen die DDR.
Während der sozialistischen Umgestaltung der Landwirtschaft soll er einen Mittelbauern beeinflusst haben, nicht der LPG beizutreten. Dieser Hinweis ist nicht überprüft.
Diesen Mittelbauern soll er versprochen haben, ihn in den Spitzenzeiten in der Arbeit zu unterstützen.
Am 25.7.1961 betrieb er in der Mitropa–Gaststätte des Bahnhofes Sondershausen Hetze gegen die in der Deutschen Demokratischen Republik stattfindenden Volkswahlen.
Während der Haus- und Körperdurchsuchung wurde keinerlei Beweismaterial sichergestellt.
In der bisherigen Untersuchung gab er an, was durch 3 Zeugen bestätigt wird, dass er gegen die Volkswahlen in der DDR hetzte.
Er äußerte sich in der Mitropa – Gaststätte, dass in der DDR

„freie“ Wahlen durchgeführt werden müssten. Man solle nicht soviel vom Friedensvertrag reden, sondern „freie“ Wahlen durchführen, um so zu einem Friedensvertrag zu gelangen. Als ein Genosse in die Diskussion eingriff und er aufklären wollte, sagte dieser, dass es in der DDR keine geheimen Wahlen gebe.
Es dürfe niemand in die Wahlkabine und müsse seinen Stimmzettel offen abgeben. Dabei behauptete er, dass bei der letzten Volkswahl in Friedrichroda im Kreis Sondershausen ein Wahlbetrug durchgeführt worden sei.
Der ABV des Ortes habe ihm selbst erzählt, dass man die Stimmzettel nummeriert habe, um genau festzustellen, wie jeder Bürger abstimmt.
Als ein weiterer Genosse gegen diese hetzerischen Reden vorging, stellte er seine staatsfeindlichen Diskussionen ein.
Über sein Motiv für diese Handlungen ist noch nichts bekannt.
In der weiteren Untersuchung sollen durch Zeugenvernehmungen weitere Beweise für die vom Beschuldigten betriebene staatsgefährdende Propaganda und Hetze und seine Motive geschaffen werden. Es ist geplant, diesen Vorgang kurzfristig abzuschließen.

Stasi-interner Sachstandsbericht zum Untersuchungsvorgang, BStU, MfS, BV Erfurt, Allg. S, Nr. 26/63 Band 5, Bl. 342–344